发刊词

这是一个全球秩序重组的大时代。

浩浩荡荡的几股大潮正从不同方向冲刷着我们所置身的世界。长期生活优渥的发达国家贫富差距凸显，新自由主义版本的全球化正遭遇前所未有的质疑与反思；部分西方国家陷入"民粹政治"与"否决政治"陷阱，民主制度显露败坏迹象；国家间权势转移趋势带来的国际格局之变，正引发大国竞争卷土重来，"新冷战"的幽灵在欧亚大陆两端时隐时现；作为既有全球秩序的"领导国家"，美国频频主动"退群"，既彰显权力的傲慢与任性，也显露秩序更新的绸缪；以人工智能为代表的技术变革正深刻地改变世人相处、相爱乃至相杀的方式，并把我们带向一个超越想象极限、利弊得失难料的新世界。当此"百年未有之大变局"，中国以何身份安身立命于世，与他者建立怎样的关系，拿什么思想贡献世界，这是摆在当代中国战略与思想界面前的重大课题。

古之中国国力虽强，但影响主要限于今日亚洲大陆之东部。其时彼此隔绝的世界各地区之上，也并不存在一个普遍的"全球秩序"。近代中国积贫积弱，忙于自存自保。绝大多数时间里，我们在全球秩序问题上只是一个接受者与旁观者。然而，最近四十年中国国力快速崛起，日益接近全球舞台中心。头一次，中国成了推动世界政治地壳变动的主要动力，成为全球秩序的主要塑造者、改革者与建设者之一。

一个大国的崛起，往往伴随着该国向世界提出更有吸引力的有关全球秩序的主张。外部世界面对崛起大国，也希望听到其对全球秩序的明确主张，以决定如何与其相处。一百年前的 1918 年 1 月，美国总统伍德罗·威尔逊在国会发表演讲，提出美国对一战后国际秩序的"十四点"主张。

其时，刚刚加入大战的美国正在快速改变战争胜负的天平。威尔逊充满理想主义色彩的全球秩序蓝图遭到欧洲列强的嘲笑，最终也未能得到充分落实。不过，不到三十年之后，当美国再次获得塑造全球秩序的机会时，威尔逊未能付诸实现的"自由国际主义"成了二战后"自由主义国际秩序"的核心理念。在其指导之下，美国开始建立前无古人的"制度霸权"，并在冷战结束后攀上了国际地位的顶峰。

相形之下，我们恐怕不得不承认，中国崛起在战略思想层面还是相当滞后的。相对于身体的蓬勃生长，我们战略思想的复杂与成熟程度明显落后。相对于中国面对的宏大历史使命，我们的知识储备、心理储备与人才储备仍严重不足。迄今为止，我们还未能给世界提供一个兼具操作性与超越性的全球秩序蓝图。

正是在这样的背景下，《全球秩序》应运而生。我们希望以这份刊物为平台，汇聚有关全球秩序、国际关系、国际战略、世界政治与经济等议题的真知灼见。我们希望，这些讨论有助于我们穿透眼前迷雾，准确把握推动全球秩序变迁的深层动力，为中国和世界的前路做好更充分的精神与知识准备。

这将是一本兼具战略性、学术性、政策性的刊物。我们希望这里汇聚的声音，既源自现实关切、与政策密切相关，又符合严格的学术标准，具备相当的思想深度。我们欢迎对当下全球与国际现实的深入分析，也鼓励对未来趋势的大胆展望与预测。我们希望兼收并蓄、融汇中西，也期待听到更多的中国声音、中国智慧和中国方案。衷心期待中外战略界、学术界以及政府部门对《全球秩序》给予关注与帮助。我们更热切地期待您惠赐大作，加入这场事关中国与世界未来的讨论之中！

编　者

二〇一八年六月

目　录

CONTENTS

中国崛起与国际秩序演变

崔立如◎

【内容提要】　近年来，中国崛起与国际秩序的关系被广泛讨论。在国际关系复杂且不确定的演变中，中国将在国际秩序中扮演何种角色？中共十九大之后，"强起来"的中国要争取在一个相互依赖与互联性更大的世界经济体系当中，获得具有更大主动性的地位。新时代的中国外交需要以高度的智慧和实用的政策有效应对前所未有的复杂课题，尤其需要努力在两个并行的进程之间维持一种微妙的平衡：作为崛起大国中国既要追求更大的安全与发展空间，更加重视现实主义的国家之间竞争问题；与此同时，中国还要努力维护建立在相互依赖关系基础上的全球经济体系和全球化进程的持续性。

【关 键 词】　中国崛起　世界秩序　国家竞争　全球化

【作者简介】　崔立如，太和智库高级研究员，中国现代国际关系研究院原院长。

近年来，中国崛起与国际秩序越来越多地作为两个密切关联的话题，同时出现在各种国际经济、政治、外交、安全或战略的对话和研讨场合。国际关系正在经历冷战结束以来最复杂、最不确定的演变中，如何评估中国崛起在未来国际秩序中扮演的角色问题变得日益突出起来。2017 年习近平同志在十九大报告中宣告中国进入"强起来"时代，中国崛起问题

《全球秩序》2018 年第 1 期（总第 1 期），第 1~18 页。

是国际政治演变和中国内政外交发展的结果，并由此而增添新的含义。本文试从中国崛起作为全球化时代一个历史进程的认识，讨论"强起来"的中国与国际秩序演变的关系。

一　"中国崛起"与"和平发展"

中国崛起作为当代国际经济与政治发展的一个重大历史现象，源于中国实行改革开放所带来的突飞猛进的经济发展。中国崛起在国际上成为一个重要现实议题，是在 20 世纪 90 年代中国正式确立建设社会主义市场经济体系的目标后而受到越来越多的关注。在很长时间内，人们主要关注的是中国的改革开放进程和经济高速发展的可持续性。尽管西方国家时而出现一些所谓"中国威胁论"的炒作，但国际上的主流看法是，中国这个最大的发展中国家日益融入国际经济体系，在创造出经济社会发展的奇迹的同时，也为国际合作伙伴带来了巨大的利益。2001 年中国加入世贸组织是一个新的里程碑，从此以后中国经济进入了持续保持两位数增长的时期。2008 年中国举办奥运会获得了举世公认的巨大成功，对全球转播的开幕式成为中华民族走向复兴最具视觉冲击力的象征。2010 年中国的 GDP 超过日本成为全球第二大经济体，被视作中国经济崛起一个新的里程碑。在 2017 年召开的十九大上，习近平同志宣告，中国将在 2020 年提前实现建成小康社会的目标，中国特色社会主义已进入新时代，即从"富起来"进入"强起来"的时代，这也意味着中国和平崛起的进程跨入一个新的历史阶段。

1978 年刚刚从"文化大革命"政治风暴中走出来的中国人，在邓小平同志的带领下踏上改革开放引领的国家现代化伟大征程。邓小平提出了中国经济发展三步走的总体规划，第一步实现经济总量翻两番，第二步建成小康社会，之后更长远的大目标是到 21 世纪中期成为中等发达国家。"贫穷不是社会主义"、"发展是硬道理"、"坚持以经济建设为中心"、"改革开放要坚持一百年不变"，邓小平这些言简意赅的语录，也是中国最重要的政治术语和国家发展的指导思想。可以说，以往四十年中国经济社会发展的巨大成就，就是实践邓小平上述深刻而务实的政策思想的结果。国际社会日益关注的中国崛起问题，在中国人看来，不过是中国实行改革开放，建设市场经济，实现跨越式发展的结果。所以，长期以来中国官方坚持使用"和平发展"的提法，对应国际上普遍采用"中国崛起"的说法。

"和平发展"之说最初是为驳斥西方一些人炒作"中国崛起威胁论"而提出的，随后逐渐成为中国外交话语体系当中，对应中国崛起的一个具有相当宽泛意义的独特规范用语。查看中国官方文件记录，2007年以来的党的历次全国代表大会报告和政府工作报告中关于中国外交工作的部分，坚持和平发展的政策表述成为不可或缺的内容。2009年中国国务院新闻办发表了《中国的和平发展》白皮书，"再次向世界郑重宣告，和平发展是中国实现现代化和富民强国、为世界文明进步做出更大贡献的战略抉择。中国将坚定不移沿着和平发展道路走下去"。

白皮书的要点摘录如下：

> 新中国成立60多年特别是改革开放30多年来，中国一直致力于探索符合本国国情和时代要求的社会主义现代化道路。通过艰苦努力，中国找到了一条符合自身国情的发展道路，这就是中国特色社会主义道路。

> 从更宽广的世界历史视野看，和平发展道路归结起来就是：既通过维护世界和平发展自己，又通过自身发展维护世界和平；在强调依靠自身力量和改革创新实现发展的同时，坚持对外开放，学习借鉴别国长处；顺应经济全球化发展潮流，寻求与各国互利共赢和共同发展；同国际社会一道努力，推动建设持久和平、共同繁荣的和谐世界。这条道路最鲜明的特征是科学发展、自主发展、开放发展、和平发展、合作发展、共同发展。

> 中国和平发展的对外方针政策是：

    ——推动建设和谐世界

    ——坚持独立自主的和平外交政策

    ——倡导互信、互利、平等、协作的新安全观

    ——秉持积极有为的国际责任观

    ——奉行睦邻友好的地区合作观

总之，中国基于自己几千年历史文化传统，基于对经济全球化本质的认识，对 21 世纪国际关系和国际安全格局变化的认识，对人类共同利益和共同价值的认识，郑重选择和平发展、合作共赢作为实现国家现代化、参与国际事务和处理国际关系的基本途径。

这是中国这个世界上最大的发展中国家探索出的一条新型发展道路。中国深刻认识到走和平发展道路的重要性和长期性，认识到国内外环境变化的深刻性和复杂性。这条道路的成功既需要中国人民坚持不懈努力，也需要外部世界理解和支持。

有必要提及的是，"和平发展"的提法是中国官方经过慎重考虑所刻意选取的词语。时任中共中央党校常务副校长的郑必坚先生在本世纪初首先提出"和平崛起"的说法，重点是针对西方一些人炒作的"中国威胁论"，强调中国是以"和平的方式"崛起。[①] 当时中国经济刚刚起飞，中国外交的基本方针是为集中精力发展经济营造有利的国际环境，贯彻邓小平韬光养晦的指示精神，守住底线，求同存异，保持低调。在郑说之后，中央决定作为官方正式用语取"发展"而不用"崛起"，首先是措辞上要避免显得自我张扬，含蓄表达是中国文化的一个特点。其次还考虑到以往谈论历史上大国崛起话题多带有负面含义，其中最典型的是"第三帝国崛起"的史话。[②] 更重要的是，"和平发展"所强调的是作为最大的发展

---

① 2003 年 11 月 3 日，中共中央党校原常务副校长、中国改革开放论坛理事长郑必坚先生在亚洲博鳌论坛上发表了题为《中国和平崛起新道路和亚洲的未来》的讲演，首次提出中国和平崛起这一论题。

② 《第三帝国的崛起》先是作为内部读物后公开发行，在中国对包括领导干部与知识分子在内的众多读者产生过深刻影响。

中国家，改革开放、发展经济、实现国家现代化，是中国要为之奋斗的长期目标。"中国崛起"的说法主要集中在对中国发展外部性的关注，而"和平发展"强调的是深刻认识发轫于中国改革开放的发展过程及其内部原因更加重要。这也是《中国的和平发展》白皮书所要传达的核心思想：中国发展的内在需要与全球化时代国际经济、政治发展大趋势相契合，产生了中国寻求国家现代化的发展道路。强调坚持和平发展作为中国的战略选择，是基于不同于以往对国际关系发展大趋势的深刻认识，具有历史发展的内在逻辑性。所以它不是一种外交上的权宜之计，而是一种新的国家发展道路，具有内生的持续性。这种内生性和持续性是中国坚持"和平发展"说法最重要的用意，是中国在改革开放的进程中探索中国特色社会主义道路，探索中国的发展如何与外部世界形成良性的互动所获得的真切体验和深刻认识。

然而，"崛起"与"发展"终究是两个含义有明显差别的词语，所以国际上和国内非官方的外交与国际政治圈内，在对中国迅猛发展态势及带来巨大影响的讨论中，还是更多地使用"崛起"或"和平崛起"的说法，以凸显人们的主要关注点。而在今天中国的国际地位和外交态势已发生重大变化的形势下，"和平发展"的说法实际上已经成为非官方普遍使用的"和平崛起"的同义语。

无论是外国关注的"中国崛起"外部性问题，还是中国强调的"和平发展"的内在决定论，事物的主干都是中国追求国家现代化的进程。要认识中国崛起的全部含义，最重要的是，深刻认识到这是全球化时代的一个历史进程，这个进程是中国在与外部世界的互动中实现的。作为一个互动进程，中国崛起或和平发展的最终含义，只能取决于这一过程在现实中是如何展开的。参与这一进程的重要角色都可能对这一进程产生或大或小的影响，但又都不能完全决定这一进程的走向，包括中国作为这一进程的主体，也不能只凭自己的良好愿望和一己之力实现理想的目标。实现中国和平崛起必须是包括整体和其他主要参与方良性互动的结果。

基于中国与外部世界互动进程的认识来考察当前的形势变化，可以在一个更为宏观的层面理解和把握中国崛起所面临的问题和挑战。中国和平崛起是中国在全球化时代与世界上其他行为体共同参与的互动进程，中国是这一进程的主体，其他参与方是客体。主要的参与方包括世界上的主要大国和国家共同体，而中国周边的主要国家和广大发展中国家作为一个重要方面。作为一个历史进程，中国崛起要经历从低到高的不同的阶段。在不同的历史阶段，中国和其他参与方的关系地位会发生这样那样的变化，对中国崛起含义的期望与评价也因此而发生变化，由此可能带来这一中外互动进程的性质、方向和方式的改变。

考察一下中国近年来关于中国崛起的话题转换，可以更好地理解这种阶段性变化的历史脉络。近年来，讨论和平崛起问题经常与关于中国发展的另外两个话题发生联系，一个是"中等收入陷阱"问题，一个是"由大变强"的说法。前者关系到中国崛起的可持续性，后者意味着中国崛起进入一个新的阶段。与前几年相比，人们对中国崛起的持续性问题的辩论热度已经明显下降。明显的变化是，随着中国政治经济形势的发展，尤其是 2017 年呈现更为明显的"稳中向好"总体趋势，在西方一度颇有市场的"中国崩溃论"声势大衰。尽管依然存在着众多严峻挑战和不确定因素，国内外权威的经济机构和多数专家却普遍看好中国经济发展的中长期前景。[①] 在这些趋向积极的评估当中，最重要的是普遍认为十八大以来的五年中国经济和社会发展的提质转型正在取得实质性进展。突出的表现包括：

第一，GDP 继续保持较高速度的增长，这五年平均增速超过 7%，2017 年总量达到 82 万亿元的同时，第三产业增加值和最终消费支出对 GDP 增长的贡献率均达到 58.8%，产业结构和需求结构发生显著的积极变化。

第二，全国工业产能利用率和高技术制造业增加值都有显著提高，新

---

① 引述权威机构和专家的最新评估和预测，如国际货币基金组织和世界银行 2017 年对中国金融体系评估报告，以及 2017 年党的十九大报告、2018 年政府工作报告等。

能源产业迅猛发展，中国制造的品牌快步走向世界，创新型经济方兴未艾，互联网购物、移动支付等数字经济新业态开始引领全球。世界知识产权组织最近报告认为，中国正在从技术使用国变为技术创新国。

第三，世界银行发布的《2018 年营商环境报告》显示，2017 年中国营商便利度排名全球第 78 位，比 2013 年提高了 18 位，开办企业便利度比 2016 年提升了 34 位。

第四，这五年，中国的城镇化进程加速推进，常住人口城镇化率提高了近 6 个百分点，人民收入的增长基本与 GDP 的增长同步，城镇居民收入差距继续缩小，城镇新增就业超过 6600 万人。

第五，组织起全球最大的全民基本医疗保险网，基本医保覆盖超过 13 亿人，大病保险覆盖城乡居民超过 10 亿人。

第六，这五年，中国累计减贫 6853 万人，消除绝对贫困人口 2/3 以上，年均减少 1300 万元以上，贫困发生率从 2012 年的 10.2% 下降至 3.1%。

这五年来，中国经济持续发展的同时，人民生活得到显著改善。国内外机构多次民意调查都显示，中国老百姓当下的满意度和对未来的信心始终处在较高水平，这为中国保持社会稳定提供了最重要的基础。对于一个拥有 13 亿多人口，且处在急剧转变时期的超大型国家，保持社会的基本稳定重于一切。与其他国家相比，这是当前中国政府拥有的最大政治优势，尤其对于在转型时期应对各种严峻挑战和处理复杂矛盾所需的民意支持，具有特殊重要的意义。

基于这些有根本意义的积极发展，尽管包括中国政府在内的各方都认为中国的经济转型还远未结束，且仍面临着诸多严峻挑战和某些不确定因素，但国际上普遍对未来中国经济的持续崛起总体上持较为正面的看法，世界银行、国际货币基金组织以及一些权威经济机构预测都认为，至少在未来一段时期中国经济增长速度有望保持在 6% 上下。对于中国更长远的未来发展，国际上持乐观态度或谨慎乐观态度的人明显要多于持悲观态度的人。现在我们还不能断言中国已经跨越了"中等收入陷阱"，但中国的经济转型正在取得显著的效果，前景相对看好已经成为更多人的共识。

同样重要的是，对实现和平崛起的最终目标，即实现中华民族伟大复兴的中国梦，今天的中国人自己比任何人都更有信心，这一点意义重大。民族自信是一种可以转化为物质力量的巨大的精神力量。中国人的信心主要来自改革开放 40 年经济发展和社会进步的巨大成功。在探索中国特色社会主义道路取得巨大成就的基础上，中国共产党进一步增强了理论自信、制度自信和道路自信，这对中华民族具有深远意义。在一个超大型国度中，由改革理念所牵引，以经济建设为中心，自上而下积极推动与自下而上全民参与的国家逐步实现现代化的进程，使广大的人民对国家的发展拥有了前所未有的自信，他们更从中认识到自身的价值。政治领导核心的自信与广大人民的自信共同达到一个新的历史高度，为中国和平崛起持续性注入了强大的精神力量。

二 从"富起来"到"强起来"

2017 年 10 月中国共产党召开具有历史意义的第十九次全国代表大会，习近平同志宣告中国特色社会主义进入新时代，为中国的未来中长期发展提出了宏伟的目标和清晰的战略规划。习近平指出，未来五年是中国"两个一百年"奋斗目标的历史交汇期。中国首先在 2020 年全面建成小康社会、实现第一个百年奋斗目标；之后乘势而上开启国家全面现代化新征程，用 30 年时间，即到 2050 年把中国建成社会主义现代化国家，实现第二个百年奋斗目标。

中国特色社会主义进入新时代是习近平三个半小时报告的主题，联系本文的讨论，对其作一个简洁形象的解读，那就是中国和平崛起进程已由"富起来"进入到"强起来"的时代。对于中国和平崛起进程来说，这是一个重大的跨越，无论是对中国还是对世界而言，这一跨越都具有丰富而重要的含义。然而，对于中国崛起进程的未来发展而言，一个重要的问题是，中国与外部世界对中国跨入"强起来"时代的含义是否能够取得共同或相近的认识？这与中国崛起未来的互动进程如何展开具有重要的关联。

多年来，中国崛起的讨论都以 20 世纪 80 年代以来，邓小平领导改革开放时空下的中国发展变化为主题，由此形成一种普遍的认识，中国崛起是以经济建设为中心的改革开放带来的结果。然而，在新时代"强起来"的语境下，我们还需要从民族复兴的历史进程纵深透视中国崛起问题。

自鸦片战争之后，中国人民在封建腐朽统治和西方帝国主义的双重压迫下，生活在水深火热之中，国家百孔千疮，民族尊严扫地。先是孙中山先生发动辛亥革命，推翻清王朝，建立共和。之后，中国共产党领导人民推翻"三座大山"，建立中华人民共和国，奠定了社会主义基本政治制度和国家工业化基础，真正实现了国家的独立和民族的解放，结束了中国人民卑躬屈膝的日子。然而，中国人民"站起来"的这一形象说法主要在其政治意义，作为人民集合体的国家和民族的政治地位发生根本性改变。我们将中华人民共和国称为新中国，体现"站起来"的中国形象也成为新中国外交的最大的特征。毫无疑问，改革开放以来的中国和平崛起进程正是这一历史性变化的继续。

社会主义的本质是使人民过上美好生活。邓小平一针见血地指出，贫穷不是社会主义，发展是硬道理。他开启和领导改革开放，以经济建设为中心，探索发展中国特色的社会主义市场经济，从根本上激发了中国人民的巨大潜力，使中国经济实现飞跃性发展，形成了一个新的大国崛起的态势。生产力得到巨大发展，产生前所未有的高楼大厦、大工程、大制造、大出口、大市场。中国因其体量变得丰满而显得更加高大。然而，这主要还是一个物质性的发展阶段，人们观念的变化也主要反映在对创造有形财富的重视。在这一历史阶段，从外部看中国最直观而强烈的感受莫过于此。尽管整个社会仍然存在明显的贫富差距，中国人民"富起来"的形象说法，准确地反映出这个阶段中国崛起的主要内涵，即大多数中国人实实在在的物质获得感与国家发展密切地联系在一起。因为"富起来"而表现出扬眉吐气，成为中国人对外交往中突出的新气象。

　　同样重要的是，这一切都是在中国经济和世界经济融合过程中发生的，这是中国和其他国家建立和发展互利合作的伙伴关系过程。这是中国崛起进程完全以和平的方式展开的一个根本原因。正因为如此，尽管在此阶段也存在对"中国威胁论"的炒作，但是在处于世界权力中心和国际体制主导地位的美国与整个西方世界看来，以中国经济发展和中国老百姓变得"富起来"为特征的中国崛起阶段，总体上是在为共同做大世界经济的蛋糕做贡献，并不产生挑战美国及西方在国际体系中的主导地位问题。

　　中国特色社会主义从"富起来"进入"强起来"的新时代，也是中国崛起历史进程进入具有更大国际意义的新时代。作为历史性的新跨越，中国崛起的全部意义将在这一阶段最终表现出来。然而，作为中国与外部世界互动的历史进程，中国崛起的最终含义，又要取决于中国与外部主要相关行为体在这一阶段的互动是如何展开的。

　　我们在前面已经指出，中国和平崛起是由内部发展向外部发展逐渐延伸扩展的进程。内部发展是根本，但改革开放的总方针决定了与外部世界的良性互动是内部发展的必要条件。外部力量关注中国崛起，主要关注的是中国崛起的外部性问题。从中国崛起的内部发展进程而言，由"富起来"到"强起来"是和平发展顺理成章的延续。然而，这一质的巨大提升所产生的巨大的外部性则是"富起来"时代所不能比的，必然引起外部各种力量的极大关注。

　　十八大以来的五年，习近平总书记领导下的中共努力推进一系列重大工程，完成了从"富起来"进入到"强起来"最后的经济、政治和社会发展结构性建设。

　　——保持经济中高速增长，GDP 达到 80 万亿元，深入推进供给侧结构性改革，完成了一系列重大基础设施建设和科技创新工程，进一步健全了开放型经济新体制。

　　——实施一大批惠民举措，脱贫攻坚取得决定性进展，6000 多万贫困人口稳定脱贫，就业状况持续改善，城乡居民收入增速超过经济增速，中等收入群体持续扩大，社会大局保持稳定。

——大力推进生态文明建设，生态环境治理明显加强，环境状况得到改善。

——全面深化改革取得重大突破。推出多项改革举措，重要领域和关键环节改革取得突破性进展，主要领域改革主体架构基本确立。

——法制建设迈出重大步伐。科学立法，严格执法，公正司法，全民守法，深入推进，国家监察体制改革试点取得实效。

——全面从严治党取得重要成效。对党的执政基础威胁最大的腐败问题得到遏制，形成反腐败斗争压倒性态势，党的凝聚力、战斗力显著增强，党群关系明显改善，党焕发出新的生机活力，为中国特色社会主义的发展提供了坚强的政治保证。

——国防和军队改革取得历史性突破，组织架构和力量体系实现革命性重塑，武器装备加快发展，军事斗争准备取得重大进展。

——全面推进中国特色大国外交，形成全方位的外交布局。倡导建构人类命运共同体，促进全球治理体系变革，中国国际影响力、塑造力进一步提高。

习近平同志所做的十九大报告让国际社会最为印象深刻的大概是这一段话："中国特色社会主义进入新时代，这是中国发展的新的历史方位。中国特色社会主义进入新时代意味着近代以来久经磨难的中华民族迎来了从站起来、富起来到强起来的伟大飞跃，迎来实现中华民族伟大复兴的光明前景；意味着科学社会主义在二十一世纪的中国焕发出强大生机活力，在世界上高高举起了中国特色社会主义伟大旗帜；意味着中国特色社会主义道路、理论、制度、文化不断发展，拓展了发展中国家走向现代化的途径，给世界上那些既希望加快发展又希望保持自身独立性的国家和民族提供了全新选择，为解决人类问题贡献了中国智慧和中国方案。"[①]

---

① 习近平：《决胜全面建成小康社会 夺取新时代中国特色社会主义伟大胜利——在中国共产党第十九次全国代表大会上的报告》，人民出版社，2017。

这"三个意味"其实是新时代的政治宣言。以"五位一体"总体布局和"四个全面"战略布局为标志，习近平同志以"中国发展新的历史方位"之表述向世人宣告，邓小平领导的改革开放经过 40 年的探索，"摸着石头过河"的阶段已经结束，中国特色社会主义正在成为当今世界一种新的发展模式。它不仅是中国实现现代化强国目标所探索出来的一条正确道路，而且可以作为一种新的选择供其他发展中国家参考效仿。这是中国崛起从"富起来"进入到"强起来"阶段最重要的标志之一。

作为全球化时代的历史进程，中国坚持和平崛起首先取决于内部发展，之后才是其外部表现。进入"强起来"阶段，内在发展要上一个大台阶，外在发展要有更大的作为。十九大报告提出明确的目标：总任务是在全面建成小康社会基础上，分两步走在本世纪中叶建成富强民主文明和谐美丽的社会主义现代化强国。主要的任务包括：完善坚持党的领导的体制机制；推进国家治理体系和治理能力现代化，构建系统完备、科学规范、运行有效的制度体系；推动新型工业化、信息化、城镇化、农业现代化同步发展，主动参与和推动经济全球化进程，发展更高层次的开放型经济；提高全民族法制素养和道德素质，建设社会主义法治国家；更好构筑中国精神、中国价值、中国力量，为人民提供精神指引；不断促进人的全面发展、全体人民共同富裕；实行最严格的生态环境保护制度，形成绿色发展方式和生活方式；完善国家安全制度体系，加强国家安全能力建设；把人民军队建设成为世界一流军队；奉行互利共赢的开放战略，积极发展全球伙伴关系，推进大国协调和合作，构建总体稳定、均衡发展的大国关系框架，做世界和平的建设者、全球发展的贡献者、国际秩序的维护者，推动构建新型国际关系，推动构建人类命运共同体等。①

从"富起来"到"强起来"本质上仍是和平发展的继续，但同时与"富起来"阶段相比，"强起来"阶段的中国更带有大国崛起的特点，由于中国内部发展更着力于质的提升，其外部发展将表现出更强的竞争力。

---

① 习近平：《决胜全面建成小康社会　夺取新时代中国特色社会主义伟大胜利》。

经济发展迈上一个更高的台阶是"强起来"阶段最基本的特征。跨越"中等收入陷阱"是"强起来"的基本目标，也是"强起来"的重要标志。其实现途径只能是从以增量为主要特征的发展转向以提质为主要特征的发展，即实现产业的全面升级，实现以创新为主要动力的发展。在此过程中，中国的经济发展将与全球经济发生更紧密的联系，形成更加深入广泛的利益共同体关系。中国所发起的"一带一路"倡议及其强劲的推进势头成为这一发展趋势最有力的诠释。

中国"强起来"的路径就是中国特色社会主义道路。所谓中国特色究竟"特"在什么地方呢？如果以发展道路论，它是一条中间道路；如果以发展模式论，它是一种混合模式。其追求的目标明确，行事的风格灵活，其理论精髓是实践出真知，也可以称为实践主义理论；中华文明的包容性是其灵魂，开创中国革命成功道路的毛泽东思想和开创中国改革开放道路的邓小平理论是其行动指南；其包容精神既表现为传统与现代兼收，又表现为东方与西方并蓄。无论是中间道路还是混合模式，成功的关键是在不同的需求及各方的压力之间保持总体平衡。

然而必须指出的是，中国特色社会主义仍是一条在改革开放的探索中的发展道路，一方面处于转型时期的中国面临着前所未有的复杂情况和挑战，另一方面进入"强起来"阶段的发展需要更强的规划性和顶层设计，强有力的政治领导就成为取得成功的最重要保证。中国是高举社会主义的大旗实现政治上"站起来"的。改革开放以来，中国创造了经济连续多年高速增长的奇迹，但在建立社会主义市场经济体制过程中，一些人对中国的政治发展方向似乎变得模糊起来。党和政府部门不断滋长和蔓延的腐败现象，动摇了人们对党的领导和社会主义制度的信心和信任，成为潜在的政治危机。对一个有 13 亿人口的发展中大国而言，缺乏政治凝聚力和稳固体制保障的经济发展，永远存在着致命的脆弱性。因此从根本上讲，习近平总书记领导的反腐败斗争挽救了中国共产党，更使中国改革开放和经济发展成果避免了毁于政治上的溃败。中国共产党重建其坚强政治核心领导地位，是中国崛起历史进程的内在发展从"富起来"走向"强起来"

的第一要素。

三 "强起来"的中国与国际秩序演变

如前所述，中国崛起是全球化时代中国与外部世界的一个互动的历史进程。在中国进入"强起来"阶段之前，这一互动进程主要是以发展互利合作关系为基调。进入"强起来"阶段的中国，内部发展和外部表现都上升到更高的层面，变得更具有竞争力。进入"强起来"阶段的中国开始真正表现出崛起的实质意义。①

从世界范围讲，我们处在一个全球化时代。中国的发展深深地融入了全球化的进程，作为最大的发展中国家，迅猛崛起的中国已成为推进全球化进程极其重要的角色。中国的新时代对于中国之外的世界意味着什么？强起来的中国对于国际秩序意味着什么？这是国际社会不能不关注的问题。其实这是在新形势下再次突出起来的老问题，即：中国崛起会对现行国际秩序带来哪些影响？在过去十多年中，人们已经日益感受到中国"富起来"所产生的巨大影响，在可预见的未来，中国"强起来"的影响将成为 21 世纪国际政治演变最重要的议题之一。这也意味着，关于中国和平崛起问题的讨论进入一个新的语境。

作为全球化时代的历史进程，中国和平崛起的国际影响也是主体与客互动的结果。进入"强起来"阶段的中国将展现出更强的主动性和塑造力，这不仅表现为中国对外关系上，而且表现为中国对国际秩序未来发展的愿景。值得注意的是，习近平在十九大报告这份具有历史意义的文件中，并没有直接论述国际秩序问题，而只是简要表明"中国秉持共商共建共享的全球治理观，倡导国际关系民主化"。显然，这是含蓄地指出现行国际秩序需要向更加平等、更加合理的方向演变。更重要的是，习近平

---

① "发展"与"崛起"的文字含义区别也在这个阶段表现出来，发展是向前的态势，而崛起是向上的态势。

明确提出中国要致力于推进人类命运共同体的构建这一宏大课题。习近平进一步指出，所谓人类命运共同体的基本目标是"建设持久和平、普遍安全、共同繁荣、开放包容、清洁美丽的世界"。这是建构一种新的国际秩序，是人类社会发展史上前所未有的美好愿景。共同体的核心思想是个体利益在整体利益的发展中得到最大限度的实现。构建人类命运共同体，就是构建一种相互依赖的国际关系，一种积极的、建设性的、可持续的相互依赖关系。无论是在理论上，还是实践上，这都将是对现行国际关系的颠覆性改变。

毫无疑问，要实现这样一个世界梦所面临的挑战是前所未有的，并且没有人能够保证在多长时间内能够达到这一目标。然而，这无疑是人类社会值得为之努力的目标。与本文讨论中国崛起有重要关联的是，如此宏大目标的提出反映了进入"强起来"时代的中国人伟大抱负和高度自信。这种抱负和自信是建立在中国自身发展取得巨大成功基础上，这一成功又是在中国与世界日趋融合的进程中实现的。中国人比以往任何时候都更加深刻地认识到，中国发展与全球发展的不可分割性，中国富起来的过程是如此，中国强起来的过程更是如此。所以，习近平说中国梦和世界梦是紧密相连的。

然而，这是人类社会的共同建构。对于中国来讲，不但要有伟大的抱负、坚定的意志，还必须要有巨大的能力，方可扮演引领促进这一建构进程的角色。这是要能够动员、引导整个国际社会，特别是主要大国来共同建构这样一种新的国际秩序的能力。我们可以想见的是，这一新的国际秩序的建构过程，只能是在现行秩序的基础上通过唐世平博士所提出的社会演变过程来实现。[①] 是从旧的秩序当中生发新的秩序，是对旧秩序的改造过程。这是一个艰难而缓慢的过程。如同中国从计划经济走向市场经济，这是要经历一个很长时期的双轨并行的过程，一个由新旧两条轨道逐渐向更为理想的单一新轨并拢的过程。

---

① 唐世平：《制度变迁的广义理论》，北京大学出版社，2016。

显然中国不可能凭一己之力实现这样的目标。这要求所有的大国的共同努力。在没有达成共识之前，中国自己无法走得很远，甚至不能单独前行。国际政治的发展从来不是任何人和国家一厢情愿设计的产物，哪怕是超级强大的国家。它只能是一种社会化演进的产物，是物质发展到一定程度以后，产生新的思想观念，再到足够多的人群和有力量的行为体/国家形成观念上的共识，采取协调行动共同开辟新的发展前景。建构人类命运共同体需要更多国家的观念上的共识，在此之前需要物质发展的足够多的积累。中国特色社会主义进入新时代，中国和平崛起进入"强起来"阶段，决定赋予自己承担历史使命的新角色。对中国而言，就是要克服多方面的巨大障碍，首先是要克服大国竞争的障碍。大国竞争的障碍表现为两方面，一方面是克服竞争对手的挑战，另一方面是战胜自己的挑战。

根据十九大报告的预期，中国将于 2050 年前后建成社会主义现代化强国。在此之前，第一步是到 2035 年基本实现国家现代化，也可以看作"强起来"的第一阶段。对中国和平崛起的最终考验将发生在这一时间段，而最大的外部挑战来自美国。

2017 年年底，特朗普政府发表了其任内首份《国家安全战略报告》，报告的基调反映了美国战略界和权势集团的主流看法。报告开宗明义地指出，现今美国国家安全所面临的主要挑战来自大国竞争，主要的对手是俄罗斯和中国，一个是在欧洲地区，另一个是在亚太地区。而从长远看，中国又是对美国构成全面挑战的主要对手。与恐怖主义对美国本土造成的安全威胁不同，来自中俄的挑战主要是要改变美国所主导的国际秩序，其实质是挑战美国的主导地位。在美国看来，现行国际秩序是建立在美国的主导地位基础上的。所以，报告又给中国和俄罗斯戴上一顶很大的帽子——"修正主义国家"。

在中国与俄罗斯之间，美国又做出区别。华盛顿战略圈子内的主流看法是，除了中俄不同的地理位置构成不同的地缘政治挑战，来自中国的挑战更加具有长远和全面的竞争性。其实在奥巴马政府的后期，美国已将中国认定为主要的战略竞争对手，但关注的重点是中国综合国力发展趋势和对周边地区外交态势的变化。美国应对的举措是把外交战略重点转向亚太地区，加强美国在该地区的军事存在，提升与同盟国的军事安全关系，大力扩展伙伴关系网，以形成对中国更加有力的制衡。但在特朗普政府的《国家安全战略报告》和随之发表的《国防战略报告》及《核态势评估报告》中，新的变化是将中俄等大国竞争的挑战列为头号挑战，置于恐怖主义的威胁之上，同时把对华经贸关系纳入国家安全范畴。这表明美国感到其长期所拥有的不容置疑的主导地位开始受到来自中国的挑战，挑战的实质在于中国显著提升的竞争力。中国"强起来"的核心是竞争力强起来。

中美新关系格局下的战略竞争将围绕广义的重建平衡而展开。"强起来"的中国要争取在一个相互依赖与互联性更大的世界经济体系当中，获得具有更大主动性的地位。这在美国看来就是要改变长期以来由美国主导的国际力量平衡，以及以此为主要架构的国际秩序。中国以自身发展经验所认识到的历史必然性的逻辑，回应那种习惯以历史上大国崛起的传统逻辑和思维方式看待中国崛起及其各种疑虑和担心，并不能完全产生中国人所期望的效果。更为强大的说服力还需要来自中国与外部世界关系发展的事实。

建构和谐世界或命运共同体理念，其实质就是要将一个相互竞争的世界转变成为一个共同建构的世界。作为这种理念的提倡者，中国赋予自己一个重大的历史使命，就是要为此而发挥引领作用。然而中国要发挥引领作用，首先要使自己足够强大，在当今这个远非和谐的世界上站稳脚跟，使自己占据能够引领的地位和具有引领的能力。面对这样的外部形势，新时代的中国外交需要以高度的智慧和实用的政策有效地应对前所未有的复杂课题，尤其需要努力在两个并行的进程之间维持一种微妙的平衡：中国既要作为崛起大国追求更大的安全与发展空间，更加重视现实主义的国家之间竞争问题；与此同时，中国还要努力维护建立在相互依赖关系基础上的全球经济体系和全球化进程的持续性。

China's Rise and the Evolution of Global Order

Liru Cui

Abstract: The relationship between China's rise and the global order has been widely discussed in recent years. What role will China play in the evolution of global order under the complexities and uncertainties of international relations? After the 19th National Congress the Communist Party of China (CPC), a "stronger" China is striving for a more proactive role in the more interdependent and interconnected world economy. China's diplomacy in a new era requires for wise and practical policies which could effectively cope with some unprecedented complex problems. Especially, China needs to maintain a delicate balance between the competition among countries in realistic paradigm and the sustainability of global economic system and the globalization process based on interdependence.

Keywords: China's rise; global order; great power rivalry; globalization

变动中的全球秩序与欧洲的角色

〔瑞典〕施万通（Niklas Swanström）

〔瑞典〕史蒂芬·克劳泽（Stephen Crowther）◎

【内容提要】　部分人将美国和欧洲视为衰败中的国际行为体，与此相对比的是习近平治下的生机勃勃的中国。美国在政治和经济上的统治地位也许不再显而易见，但这是否意味着让中国接管舞台，或对广泛的全球自由秩序构成真正的威胁，仍存有争议。必须积极看待中国与国际社会接触的努力和对一系列全球性热点的领导作用，这并不代表北京在与西方竞争规则性权力。历史远未终结，自由秩序已死的流言实在太过夸张。

【关　键　词】　全球秩序　美国的统治地位　欧洲　中国

【作者介绍】　施万通，斯德哥尔摩安全与发展政策研究所主任、约翰·霍普金斯大学保罗·尼采高等国际研究所研究员；史蒂芬·克劳泽，斯德哥尔摩安全与发展政策研究所研究员。

全球治理是否在改变，自由主义价值观是否在衰落？随着传统中产阶级衰退、不稳定的外交政策和行为以及经济力量的显著下降，越来越多人认为美国是一个衰败中的国际行为体。[1]　同样的，欧洲也被描绘为一块被拒斥政治常规的右翼分子破坏的大陆，既无法应对所谓的难民危机，也无

---

[1]　Zachary Karabell, "China's rise didn't have to mean America's fall. Then came Trump," *Washington Post*, November 15, 2017.

《全球秩序》2008 年第 1 期（总第 1 期），第 19~35 页。

法推动制度有效运转。与曾经的奥斯曼土耳其帝国如出一辙，西方被打上了"全球病夫"的标签。这与全能领袖习近平治下自视为新生力量、排斥自由主义规范的中国形成了鲜明对比。

随着中国正致力于在世界事务中扮演活跃的角色，习主席（最起码在话语上）已经接手了被唐纳德·特朗普（Donald Trump）丢弃的全球化与经济自由主义火炬，这已成为国际共识。不可否认，特朗普的煽动性言论玷污了美国在海外的势力和影响力，即使这更多的只是其性格使然。相较之下，习近平则成为更"令人喜欢"的领导人。① 美国在政治和经济上的支配地位也许将不再显而易见，但这是否意味着让中国接管舞台，或对广泛的全球自由秩序构成了真正的威胁，仍存有争议。但清楚的是，全球权力的相对转移正在发生，有必要对以往的政治考量进行重估。

2017 年 2 月 17 日，中共中央总书记、中国国家主席习近平宣布了"两个引导"，即中国将寻求"引导国际社会共同塑造更加公正合理的国际新秩序"和"引导国际社会共同维护国际安全"。② 这一保证与"吹牛"总统领导下愈发孤立的美国、以不团结为显著特征的欧盟以及俄罗斯的修正主义压力形成了鲜明对比。这些声明似乎标志着北京正将一个新的世界秩序提上日程，这个新秩序有可能取代美国领导的现行自由秩序。

认为改进后的国际体系会使威权或国家中心主义的全球秩序成为主导，这成为许多欧美学者和决策者的忧虑所在，同时也使某些人产生希望。虽然中俄两国的"鹰派"声称，民主制度带来了失败的政治秩序，但这远不是全球共识。一场关于国际政治经济体系的未来及其需要变革到何种程度的辩论正在进行。

---

① Isaac Stone Fish, "Is China Becoming the World's Most Likeable Superpower?" *The Atlantic*, June 2, 2017.

② Bjorn Jerden et al., "Don't Call it the New Chinese Global Order (Yet)," *Foreign Policy*, March 7, 2017.

"那个"自由秩序已死？

随着苏联的解体，"西方世界"似乎在竞争中大获全胜，苏联的思想则被弃如敝履。这正是弗朗西斯·福山所称的"历史终结"[1]所反映出的普遍信念，即自由世界秩序在竞争中赢得了最终胜利。主流观点认为，民主制度与自由市场原则紧密相连、牢不可破、如影随形。

大约在同一时期，新技术与互联网的兴起扰乱了大众传媒的阵脚，提高了自由社会的极化程度。这导致欧洲和北美的政治版图更加破碎、决策环境更不稳定。民粹主义言论和对简单化的解决措施的热衷，使运用共识推动政治的艰难事业在更具敌意的环境中步履维艰。由此观之，以特朗普胜选、英国"脱欧公投"为典型代表的"选民叛乱"，可以被视为极化社会的自然结果，而非意料之外的离经叛道。此类事件标志着自由秩序的一些核心原则某种程度的倒退，社会裂痕也被一些行为体所利用，如外部的俄罗斯或体系内的民粹主义行为体。[2]

鉴于上述挑战，今天的政策辩论，尤其是发生在中国的辩论，通常建立在这样一个假定的基础上，即那个（西方的）自由秩序不是已经寿终正寝，正在走向消亡。[3]然而，这一宽泛的假定存在很多问题。首先，即使是在所谓的"西方世界"或"自由秩序"之内，也从来不是只有一个模式。这些通用的术语概括了多种多样的国家，如日本、瑞典、韩国、巴西、加拿大和南非等，不一而足。同样的，竞争中的世界秩序这一概念揭示了政治体系理论中的二元论偏见。试图将世界定义为两个完全相反的分裂体系既是对概念的混淆，也是对极端复杂情况的过度简化。最终结果就

---

① Francis Fukuyama, "The End of History?" *The National Interest*, Summer, 1989, pp. 3~18.

② Alina Polyakova and Spencer P. Boyer, "The Future of Political Warfare: Russia, the West and the Coming Age of Global Digital Competition," *Brookings Institute*, March 2018.

③ Niall Ferguson, "The Myth of the Liberal International Order," *Global Times*, January 11, 2018.

是描绘出一幅对比鲜明的图景，一面是自由世界秩序正在衰落，一面是国家中心主义不断上升。

这就引出了定义的问题。自由秩序一直被描述为"开放和基于规则的国际秩序，体现在联合国等国际机构和多边主义的常规中"。[①] 昆德纳尼等人指出，该定义的解释空间很大，包括"开放"一词的含义和体系治理规则的具体特性。欧洲与美国就有着显著的差异，尤其体现在国际经济合作和环境政策方面。这种差异的一个例子是，欧洲与中国在气候变化等问题上的立场重叠，但这并不意味着欧洲与中国在其他领域也持有相同立场，或是它们彼此的相似性高于美国。另一个例子是对待死刑的问题，出于人道主义立场和自由主义核心价值观，死刑在欧洲已被废除，但中美两国仍在实施。

通常，对自由秩序的理解包括：基于规则的自由贸易体系、民主制度、致力于人权与公民自由、多边合作和尊重国际法。若仅着眼于这些基础性内容，则很难说自由秩序已死，尽管这些原则并非无条件和不可更改的。例如菲律宾总统杜特尔特声称，由于其政府的执法记录受到针对和批评，该国将退出国际刑事法院。[②] 类似的还有波兰政府因试图削弱司法独立而遭受批评。[③] 这些例子虽然都转向了更加威权的治理模式，但并不意味着这些国家就此退出了自由秩序，或即将加入另一个替代性的秩序。

某些批判被上升到自由秩序层面是有道理的，比如被全球化放大的国内民主缺陷。[④] 在欧洲，英国的"脱欧"运动就是一个例证，其支持者声称，不满的主要原因就是欧盟制度缺乏民主机制。[⑤] 他们的失望象征着欧

---

① Hans Kundnani, "What is the Liberal International Order?" *Policy Essay*, The German Marshall Fund of the United State, 2017, No. 17.

② Karen Lema, "Duterte to Withdraw Philippines from ICC after 'Outrageous Attacks'," Reuters, March 14, 2018.

③ Eszter Zalan, "EU Urges Poland to Respond to Rule of Law Concerns," *EUobserver*, February 27, 2018.

④ Dani Rodrik, *The Globalization Paradox: Democracy and the Future of the World Economy* (New York: Norton, 2011.) (reference first found in Kundnani, 2017.)

⑤ Lord Ashcroft, "How the United Kingdom voted on Thursday… and why," lordashcroftpolls.com, June 24, 2016.

洲公民与管理他们的制度之间的脱节，政策制定愈发远离承担着更多责任的地方和国家层面。在英国"脱欧"运动中，支持者要求将供给欧盟的税收转移至重要的国内问题，例如英国的国民医疗保健制度。① 同样的，欧盟领导人通过大规模紧缩措施解决欧元危机的努力也挑动了众多欧洲人的紧张情绪。

在荷兰、法国、奥地利和匈牙利等一些欧盟成员国中不断升级的民粹主义，进一步证明了布鲁塞尔精英与地方平民百姓之间分歧的扩大。在安排优先事项的轻重缓急时，文化与政治的分歧催生了一些小阵营，这些阵营想法一致，并努力寻求提升或捍卫其在欧洲行政体系内的地位。其中一些阵营，如匈牙利、波兰、斯洛伐克与捷克共和国组成的维谢格拉德集团，已经通过了反自由价值观的立法，包括收紧对媒体的政治控制、限制特定种类的个人自由。这些内部分歧导致了欧盟的政治不和，同样的过程也发生在高度党派化的美国，国内的分裂为特朗普这样的民粹主义者得到总统之位制造了良机。鉴于欧盟内部的多样化，影响了美国政治话语数十年的极化现象扩散到大西洋彼岸，继而引发成员国对抗和国家内部不团结，这样的情形也许并不让人意外。

但欧洲与美国的一个关键不同在于美国制度的力量。与众多预测相反，嵌入在美国政治中的分权制衡体系成功抵挡了特朗普的民粹主义攻势。这主要归功于美国宪法所奉行的防范行政权力过度集中的机制。尽管共和党在两院都占有强大的多数地位，但国会，特别是姿态独立的参议院，还是对特朗普政府在制裁俄罗斯等问题上采取单边行动的能力构成了限制。② 司法机构也在阻止针对伊斯兰国家的所谓"旅行禁令"等过火措施中扮演了重要角色。③

① Jon Henley, "Why Vote Leave's £ 350m Weekly EU Cost Claim is Wrong," *The Guardian*, June 10, 2016.

② Patricia Zengerle, "Senate Slaps New Sanctions on Russia, Putting Trump in Corner," Reuters, July 27, 2017.

③ Matt Zapotosky, "Federal Judge Blocks Trump's Third Travel Ban," *Washington Post*, October 17, 2017.

相反，欧盟制度因缺乏有效处理危机的能力，暴露出内在结构的缺陷。体系内的差异意味着欧洲制度将如何抗衡民粹主义仍有待观察，特别是这些民粹主义往往具有疑欧的特性。社会改良运动将布鲁塞尔作为挑动选民不满的焦点。虽然欧洲民粹力量因英国"脱欧公投"而有所减退，但近期的更多事件体现出民粹力量在全欧洲的延续。奥地利的右翼民粹政党参与联合执政①，2018 年 3 月的意大利选举中民粹政党分别位居第一和第二位②，反欧盟的匈牙利煽动者欧尔班·维克托以"自由西方"反对者的身份在 2018 年 4 月竞选连任中获得绝对多数胜利。③

强势的领袖十分有魅力，尤其是在短期内必须做出痛苦抉择的时候。强势人物填充了国家叙事，例如领导中国走上改革开放之路的邓小平，如今被认为是现代史上最重要的人物之一。但政治领导的本质就是不存在永恒的政权，也没有一成不变的政策方向。事实上，不是所有政府都有幸能从邓这样坚定的领导人那里得到像中国一样的好处。当前的俄罗斯就是有力的反例，其宣扬的领导结构视超强侵略性的外交政策为必需，从 2008 年对格鲁吉亚、2014 年对乌克兰及近期对叙利亚的政治干预中可见一斑。俄罗斯经济的低增长率导致大量民众生活水准停滞不前。更令人沮丧的是，俄罗斯的失败案例意味着其完全浪费了后苏联时代的发展势头，令国家重回腐败堕落与复仇主义之中。

"全有或全无"原则

与其对英国"脱欧公投"等民粹主义运动的大行其道嗤之以鼻，还不如抓住改革机会，妥善处理欧洲普遍存在的不满。而在解决不满方面的

---

① Kirsti Knolle, "Austrian Conservatives Bring Far Right Into Government," Reuters, December 15, 2017.

② Stephanie Kirchgaessner, "Italy's Voters Ditch the Centre and Ride a Populist Wave," *The Guardian*, March 5, 2018.

③ Pablo Gorondi, "Hungary's Viktor Orban Wins Re-election, Gets Super Majority," *Washington Post*, April 8, 2018.

失败会给那些试图瓦解"自由"欧盟的人口实，尤其是当疑欧者更加积极地推广社会需要改变的观点时。尽管面临困难，但决策者可以通过清醒的改革积极调整现行秩序，再次获得主动权，而不是放任民粹主义者谋求分裂局面的出现。欧洲，特别是法国与德国的一些迹象表明，这是可以实现的。

有人认为，对现存自由秩序任何方面的批评都会将整个体系置于险境，这样的看法会使得在内外压力下无所适从的局面进一步恶化，无异于自掘坟墓。因为关于挑战的公开对话是解决困难和发起改革所必需的第一步，要想有效管控自由治理的外部威胁，就必须采取多元手段，推行可持续修正的战略。决策者若想反击中俄等国宣扬的国家中心范式，就必须调整方法，适应选民的愿望。对那些基础设施薄弱、正经历快速工业化并由此引发治理问题的国家，尤其应当如此。西方领导人必须下决心调整国内国际视野，更好地面对来自快速变化的世界的挑战，而不是将自由秩序作为不可更改的成品进行输出。

然而，特朗普胜选降低了美国的改革潜力与自由主义原则的国际吸引力。对多边制度、自由贸易和自由主义价值观的大加挞伐，使华盛顿被全球排斥，并助长了人们对自由体系濒临瓦解的看法。[①] 相比而言，欧盟的改革前景倒是更为乐观，但这种前景能否为实践所证明，却仍然有待观察。2017 年 5 月埃马纽埃尔·马克龙（Emmanuel Macron）当选法国总统为这一过程注入了新的活力。历史上，传统的法德引擎引领着制度改革，当前，这一引擎似乎做好了准备，将新鲜空气再次注入欧盟。但 2017 年后期德国大选的结果及随后的联合执政谈判拖延了上述努力，并削弱了默克尔（Angela Merkel）总理的地位。

当前，随着欧盟的制度更倾向于流于表面的小修小补，而非大刀阔斧地谋求全面变革，改革的窗口期即便谈不上关闭，至少也有所收窄。由于

---

① Richard Wolffe, "How Trump's Foreign Policy Threatens to Make America Weak Again", *The Guardian*, July 2, 2017.

政治变革需要一致同意，改革仍有许多障碍。这导致很难引入新措施，例如将对成员国的资助与依法执政、开放社会的承诺挂钩。虽然分割东西与南北的差异以往也总是给欧盟这个已扩大至 28 个成员国的庞大组织带来困难，但如今这些差异正变得越来越尖锐。

话虽如此，尽管自由秩序改革的确面临许多障碍，但目前的政治气候还未到分水岭时刻。虽然美国不再像冷战结束时那样居于国际关系的主导地位，且日益面临亚洲崛起的竞争，但未来几十年，它仍将会是主要力量。虽然特朗普正在挑战美国领导的自由秩序的许多支柱性规则，但所有美国行政机构都有任期限制。此外，他的煽动性立场激起了政治反对，促使反对者团结起来捍卫自由秩序。至于欧盟，虽然其过去时常展现出对革新的无能（相比之下，混乱的美国政治体系倒显得更加灵活），但最终却总能达成合理的妥协。事实上，这种溶解内部历史差异的能力正是欧盟的力量之一，批评者最好不要怀疑欧洲政治最高决策层的重建能力。

不是一种秩序，而是多种秩序？

关于全球秩序的国际辩论有几个主要论点：一是将全球秩序的前景进行二分，取决于中美对抗还是缓和①；二是认为欧洲、日本、印度和巴西等其他行为体仅仅是次要角色，愿意接受中美互动的任何结果。这两种主张都过于简化。现实是一个多极体系，在这个体系之内，相互竞争甚至彼此冲突的不同体系同时也会在经济和安全事务上相互合作。尽管存在相反的看法，但以往从未有过、未来也不会有一个支配一切国际事务的单一体系。

多年来，美国一直声称其肩负了份额不成比例的国际安全重担。这就是为什么其向欧洲的北约成员国施压，要求后者分担更多防务支出。虽然

---

① Grant Newsham, "China, America and the 'Appeasement' Question," *The National Interest*, September 8, 2014.

这是美国的长期立场，但特朗普在多个场合以自己极为尖刻的方式强调了这一点，并提出了北约已经过时的观点。虽然如此，美国的国家安全利益仍系于国际政治经济体系，自由贸易和多边主义也依然支撑着华盛顿的外交政策。

至于中国，其将美国视为阻碍自身和平崛起的霸权。这一逻辑导致中国将美国在东亚的盟友，如日本、韩国等国和中国台湾地区等，视作旨在对其进行包围和威胁的整体战略的一部分。美国的战略目标与自由秩序体系之间似乎有着紧密的联系，这有助于解释中国对美国中心的自由秩序的敌意。但鉴于特朗普疏远盟友，且共享自由秩序的国家明显缺乏共识，美国成功领导着其他自由民主国家这一预设，如今看来前所未有地不真实。

在欧盟努力扩展伙伴关系的同时，印度、巴西和日本等其他国家也凭借自身实力成长为强大的区域中心，各有与美国不同的优先事务。这些国家加在一起，占据了世界最大的 GDP 份额与人口规模，其中不少与自由秩序有所关联的政府都持有与美国冲突的政策立场。不过，尽管存在对自由秩序的地方性批判，那些治理结构基于自由民主传统的发展中国家和中等收入国家，却基本没有大幅度偏离既有发展轨道。

关于西方世界衰退的言论中，另一个错误是认为欧美正从国际安全承诺中抽身。事实上，美国不顾民众的孤立主义呼声，仍保持了 180000 人左右的海外驻军。认为欧洲沦为次要安全行为体的观点同样有误，欧洲国家海外驻军约 107000 人，承受了伊拉克与阿富汗战争中总伤亡人数的四分之一以上。[①] 不过欧盟在军事领域确实可以做得更多，如提升海外自主能力、提升北约安全的独立性、承诺更强硬地回应对邻近地区的侵犯等措施。近期开始的佩斯科（PESCO）方案，其目标正是推进欧盟军事一体化，其中一个环节就是关注日益削减的防务支出。即便欧洲与公认的一体化安全行为体尚有一定距离，但欧美相互联合仍达到了其他所有的安全行

---

① Robert Malley, "Can Europe Step Up?" *The Atlantic*, February 1, 2018; Andrew Moravcsik, "Europe is Still a Superpower," *Foreign Policy*, April 13, 2107.

为体不可企及的高度。中俄确实开始在安全政策上采取更多干预主义姿态，但通常聚焦于区域层面，且不像欧美一样基于长期的全球盟友网络和影响广泛的权力投射。

我们必须考虑一个中国主导的秩序所面临的潜在阻力。由于印度和澳大利亚担心咄咄逼人的行动会不必要地激怒中国，"四方安全对话"（Quad）启动一年后就于 2008 年中止。但该组合在 2017 年得以重建，因为对中国日益扩大的影响力的焦虑日益增加，已无法视而不见。[①] 四方在陈述中明确承诺自由航行与基于规则的国际秩序，并将中国视为对此的威胁。值得注意的是，与自由政治秩序没有典型关联的新加坡等国也受到驱使，参与了"四方安全对话"。这体现出区域内国家利益的多样性，不同的权力中心可能拒绝在与中美的关系中进行"非友即敌"的二选一。如同冷战期间不结盟运动的建立，在"单一"的自由世界秩序之外仍有空间，可以容纳新的体系挑战者。

尽管这些因素似乎都指向了冲突关系，包括潜在的中美贸易战在内的发展趋势也蓄势待发，但内在冲突不会使自由主导的全球秩序转化为更分裂的体系。确保紧张不升级为真正的战争是各方的共同利益，因此，绝大多数情况下都会达成妥协，以避免造成全输局面。但是，未来中美关系紧张升级的严重威胁不可低估，误判的可能将导致可以想见的毁灭性结果。当前有数个区域可能成为导火索，如中国南海、环印度洋和朝鲜半岛。对于这些区域，必须谨慎地管控风险，以免不必要的升级。

欧洲是不可小觑的国际力量？

当前，很少有人将欧洲或者更明确地说欧盟，视为国际舞台的强大力量。但欧洲观察家必须追问，对此我们可以做些什么？尽管这块大陆无疑

---

① Kiran Stacey, "Diplomatic Initiative Revived to Counter China's Growing Influence," *Financial Times*, November 14, 2017.

正被政治一体化、经济低速增长和团结应对挑战等诸多问题缠身，但认为欧盟不具备全球影响力却错得离谱。欧洲拥有从软实力到全球发展和国际安全领域的许多力量。欧盟虽距"欧洲合众国"相去甚远，但其与美国的跨大西洋联盟组成了现今世界政治中最具影响力的集团。

美国与中国常被称为第一和第二大经济体，且后者会在不久的将来超越前者。这种评估忽视了作为一股经济力量，也必须在政治和安全领域参与上述竞争的欧盟。按总量来看，欧盟成员国拥有超越美国的 GDP，布鲁塞尔因共同市场的规模而有着巨大优势。尽管如此，通常给欧盟贴标签的却是那些聚焦于随意的制度安排与低效的政策执行的声音。布鲁塞尔是强大的竞争者，其成员国一致赞成众多国际性和区域性立场，这些立场在气候变化、民主规范等问题上塑造了全球议程。

有一种看法认为，中美领导人能够通过"软实力"发挥影响，并经常以此推进目标。然而，特朗普胜选使美国的声誉戏剧性下跌。中国从中获益，因其看似对现行秩序的威胁更少，尽管美国是这个其总统反对的体系的主要创建者。根据盖洛普民调，特朗普已成为美国历史上最不受别国民众欢迎的领导人。投票显示，在 134 个国家和地区中，对美国领导人的支持率达到 30% 的新低。这将美国置于与中国相近的境地，在同一投票中的排名只略高于俄罗斯。虽然仅限于支持率排名，但这代表了美国的历史最低点，而中国则始终保持着 30% 左右的支持率。[①]

美国领导威望的下降很大程度上归咎于特朗普。下一任入主白宫的人将很有可能改善此状况，更加存疑的是中国将如何提升其国际地位。根据皮尤研究中心发布的图表，只有 22% 的调查对象对特朗普正确处理世界事务的能力有信心，而习主席则是 28%。反之，德国总理默克尔得票更佳，42% 的调查对象展示出对她政策选择的信心。[②] 整体来说，欧洲领导人在这种难以量化的调查中得分较高，但需要注意的是，大多数欧洲领导

① Gallup, *Rating World Leaders*：2018, *The U. S. vs. Germany*, *China and Russia*, 2017.

② Richard Wike et al., "Globaly, More Name U. S. Than China as World's Leading Economic Power," Pew Research Center Global Attitudes & Trends, July 13, 2017.

人都没有中美领导人那样的国际影响力。

2017 年气候峰会上，随着美国从全球责任与领导中抽身，中欧领袖迎来了机会。[①] 然而，双方在大量问题上立场互峙，欧洲国家仍深刻质疑中国所有承诺的真实性。另外，欧洲暗藏对中国的重大关切，涉及海洋、网络安全和与欧洲价值观冲突的威权主义转向。

即使不采取协调行动，欧盟也对全球观念的形成有重要影响。"软实力"源于各种因素，比如在欧洲大学的大量外国留学生，通常会向自己的国家传播自由价值观。欧洲的非政府部门世界领先，致力于设定国际规范，以传播观念，鼓励更多的开放和自由。特定时期内，欧盟提供的国际援助数额远高于他方，这一领先地位在 GDP 占比中更加显著，份额是美国的两倍多。[②] 贡献欧洲影响力的其他因素还包括体育方面的人气[③]，以及培育对欧积极认知的其他文化输出。然而，如何通过公共外交更好地发挥其令人羡慕的优势地位，仍是欧盟面临的重要挑战。

布鲁塞尔最明确的行动方向就是妥善处理内部关切，这些内部问题既是国际社会关注的焦点，也限制了其拥有的全球影响力。平衡长期与短期的优先事项，针对所有可能性进行更好的准备，以更有凝聚力的方式在难民、民主赤字和民粹主义等敏感问题上合作，这些显然都十分必要。尽管如此，难民危机、英国"脱欧"及愈发好战的俄罗斯等问题，在事实上强化了欧盟立场，使其意识到必须更加团结地面对挑战。特别是在安全合作上，英国的离开预示着欧盟即将进入前所未有的政策协调时期，这将可能使欧盟以更加有效的方式应对无数全球性挑战。

虽然如此，布鲁塞尔若想达成任何实质性进展，必须首先克服对防务开支配额的反感和对美国的过度依赖，更何况，要建立以真实军力为后盾

---

① Robin Emmott and Robert-Jan Bartunek, "As US Retreats, EU and China Seek Climate Leadership at Summit," *Reuters*, June 1, 2017.

② European Union, *Development and Cooperation Report*, November 2014, https://europa.eu/european-union/file/1136/download_en? token = 3uPPst2D.

③ Andrew Moravcsik, "Europe is Still a Superpower," *Foreign Policy*, April 13, 2017.

的共同防卫政策，还需要更强有力的行动。这将使欧洲能够在邻近或更远的地方扮演更强的地缘政治角色。但现状是，东欧国家对西方盟友帮助其抵抗俄罗斯的侵略无甚信心。强大而独立的军事能力或许可以通过长期加强合作得以建立，但眼下欧盟内的许多力量对此并不支持，这一重要障碍可能很难跨越。

欧洲的权力和影响有限，一部分是因为主观原因，即未能成功制定对未来区域和国际的一致愿景。要做到这些，布鲁塞尔必须采取更加积极的政策，这也可以反击那些抨击欧盟制度、利用国内不满推进自身目标——无论被抨击的政策问题是否会影响到其辖区——的疑欧者。

欧盟必须加强内部合作，尽管在多国体制下这是很困难的。一般而言，决策体制越大、越多元，利益冲突就会越多，从而导致政策执行脱离轨道。联合国等国际组织经常被共识赤字折磨，如联合国安理会在安排优先事项方面的分歧，使决策在日益极化的冲突中更加艰难。特别是实施全体一致原则时，改变政策就会极端困难，例如欧洲安全与合作组织。欧盟若想达到更深层次的一体化，必须提高其协调各国采取行动的能力。

虽然匈牙利等成员国或塞尔维亚这样的候选成员国有时会以将贸易平台转向中俄为手段，来影响欧洲当局，但这一做法是误入歧途。现实是，欧洲内部贸易在成员国甚至俄罗斯的贸易总量中都占有重要份额。中俄仍然是国际金融体系的一部分，并没有发挥足以取而代之的作用，而且欧盟及其共同市场不可能被如此轻易地一笔勾销。这些还没有体现在今天欧盟对俄罗斯等激进行为体的战略中，而且至今还很少有人认识到布鲁塞尔对莫斯科未来发展的潜在影响。

只有把欧洲内部的一些主要关切处理好，才可能改进布鲁塞尔处理外部事务和全球问题的方式。关键是对不守规则的成员国和外部行为体采取更加强硬的措施。这不大容易实现，因为挥霍经费、打破欧元区债务比例天花板等问题已经在欧盟内引起了严重的南北分裂。此外，某些国家自由民主的倒退也引起了东西分离。通常欧盟给出最严厉的处罚也只是言语谴责，即使对于明确违反组织创始原则，即自由民主体制的情况也是如此。

外部事务的发展也导致了成员国间的分裂。对难民危机的反应和随后成员国要求平等分配难民的呼声，充分体现了不同国家难民政策的根本分歧。西欧国家被认为应承担更多难民配额，而欧洲边境国家正艰难管控着大量人流，但让其他成员采取更多行动的道义呼声被轻易回绝，且没有行政处罚作为后盾。为了抵御来自欧盟内外旨在分裂其成员国的各种行为，就必须妥善处理好这些分歧。

进一步讲，尽管英国"脱欧"给欧盟带来了在许多问题上加强合作的机会，但同时也可能加深成员国之间的某些裂痕。传统上，英国是法德引擎拉动欧洲一体化的平衡者。虽然这经常导致决策过程放缓，但的确能令那些对一体化进程抱有疑虑且缺乏代表的较小成员国，特别是东欧新成员，在欧洲权力结构中拥有一个重要盟友。如今，英国"脱欧"的幽灵深化了欧洲的分歧，可能鼓励匈牙利、波兰等国领导人更激进地反对其眼中的西方强制性政策。如果无法对违反框架内协商结果的行为进行有效惩罚，那么欧洲内部的持续虚弱将在成员国层面阻碍其向外投射软硬实力的抱负。

同样地，布鲁塞尔必须建立机制，防止欧洲外部力量威胁或违反既定协议。这一点尤其体现在紧邻欧洲东部边界的俄罗斯与乌克兰严峻的争端中。如果欧盟的地位想得到第三世界国家的认可，就要以综合手段保卫欧洲的国际利益。考虑到欧洲移民和一体化政策导致的大规模流散群体，这一点尤为紧迫。

自由秩序与国家控制的经济：魔鬼在细节之中

美国治下数十年的自由秩序的确被削弱了，但还远未被打败。美国的相对影响或许下降了，但这只会鼓舞其他民主行为体补足缺口，抓紧自由主义火炬。全球自由领军角色的主要竞争者包括欧盟、日本、印度和其他出于自身利益考量愿意支持基于规则的秩序的行为体。话虽如此，若美国决定重回自由秩序的先锋行列，也将得到盟友的欢迎。一些行为体会出于规则性利益支持自由秩序，而另一些国家之所以支持自由主义秩序，其实是为了对更独断的国家中心主义势力进行地缘政治上的平衡。

至于经济，自由贸易将在调整中得到维护，因为中国有望与国际社会的大部分成员合作，以改善现有的争议问题。达沃斯世界经济论坛、博鳌亚洲论坛等国际研讨会近期已成为加强国际金融体系政策立场的平台。虽然特朗普总统的行为是反对现行秩序的最典型案例，但欧盟同样对中国"不公地"利用互惠市场怀有明确不满，只是较少公开批评而已，这些不满因中国致力于东欧基础设施建设的"16＋1"框架而加强了。①

美欧在自由秩序的构成要素上存在分歧，但中俄等国家中心主义秩序的拥护者同样缺乏共识。俄罗斯在贸易政策上更加孤立，试图向东接近欧亚经济区等邻近的贸易集团，而中国认为经济增长对国家安全利益至关重要，赞同国际贸易。建构某种中欧共同经济领导结构的想法很吸引人，尤其是鉴于近期美国的孤立主义行动，但仍有一道深渊尚待跨越。欧洲对中国政策的许多方面高度批判，包括制度不透明与截然不同的政治道路。而且，欧洲对中国维持并非其固有属性的自由贸易承诺仍然疑虑重重，布鲁塞尔的许多人仍在批评欧洲缺乏进入中国市场的渠道。

结论——历史的终结？

即使未来没有一个单一的秩序能够获胜并引领国际体系，退回冷战式的完全分裂似乎也不大可能。所谓"自由秩序"或许已经生锈，亟须彻底检修，但自由主义原则仍将继续在国际政治中扮演决定性角色。为确保基于规则的治理方式、透明的制度和国际准则而对政策进行调整和重塑，

---

① Banyan, "Still Shy of the World Stage," *The Economist*, June 8, 2017; Patrycja Pendrakowska, "A Balancing Act: the 16＋1 Cooperation Framework", *Policy Brief*, Institute for Security and Development Policy, September 12, 2017, http://isdp.eu/publication/161 – cooperation – framework – china – cee/.

无疑将是长远而痛苦的事业。国家中心模式声称其控制手段在短期内更有成效，无论代价如何，但从长远来看，其管理体系性变化的能力是有内在缺陷的。

当前，许多自由主义社会似乎陷入了危机，很多人认为，这或许是由于人们对既定秩序的拒斥，以及秩序本身无法适应环境的变化。不允许对自由治理的公开批判又强化了这一认知。诚然，自由体系还未失去意义，但却受损于威权国家的常见特点：缺少建设性批判。为了健康的政治体系与民主制度内在的自我更新，意见不同的声音是必需和值得鼓励的。

美国、英国和欧盟成员国继续在世界舞台扮演着重要角色。印度、日本和韩国等诸多参与者也加入其中。很难想象大量坚持政治多元主义、自由贸易和多边主义的国家会放弃其长期持有的政策立场，并热衷于其他治理模式。虽然确实出现了倒退，如近期菲律宾和土耳其的例子，但一国从自由价值观中彻底背离的情况是极其罕见的。

与此同时，我们必须积极看待中国与国际社会接触的努力和对一系列全球性热点的领导作用，这并不代表北京在与西方竞争规则性权力。美欧均未遭遇足以使其退出世界舞台的重大逆转。正在发生的是，世界正以意想不到的方式快速变化。虽然新的现实中也会有赢家和输家，但宣称现行秩序正处于崩溃的边缘是一种误读。更有可能的是，现存秩序将继续演化和改变，纳入新的富有创新观念的行为体，使其成为国际体系的有机组成部分。历史远未终结，自由秩序已死的流言实在太过夸张。

（雷丝雨译，张翔、傅瑜校）

Changing Global Orders and Europe's Role

Niklas Swanström and Stephen Crowther

Abstract：The United States and Europe have been perceived as deteriorating international actors, contrasts with China as the new force under its all – powerful leader, Xi Jinping. The political and economic dominance of the US may no longer be evident, but it is debatable whether this has set the stage for a Chinese takeover, or whether the broader global liberal order itself is truly threatened. Whilst Chinese efforts to engage with the international community and to lead in an array of global concerns can only be viewed positively, this does not mean that Beijing and the West are competing normative powers. We are far from the end of history and it would be a mischaracterization to say that the established order is on the brink of collapse.

Keywords：global order; dominance of the US; Europe; China

中国、美国和全球秩序的未来

〔美〕葛维宝（Paul Gewirtz）◎

【内容提要】 全球秩序面临着严峻困局，这既体现在中国崛起所带来的影响，涉及中国与美国不断演进的关系，也体现在整体的国际体系方面。即使如此，我们也可能延续国际体系及其带来的好处。我们都有责任直面当前的困难，想方设法尽可能多地创造和平、繁荣和人类繁盛。关注全球秩序的人们需要在关注国际体系的同时也关注中美关系。中美并非注定一战。中美关系由人类意志决定，而非命运。我们这个时代的终极问题可能就是中美是否能够和平共存，双方是否都能不去寻求主宰对方。问题的答案取决于人类坚定的决心和不竭的智慧。

【关 键 词】 中国　美国　全球秩序　国际休系

【作者简介】 葛维宝，耶鲁大学法学院波特·斯图尔特宪法学教授、耶鲁大学法学院蔡中曾中国中心主任。

这本新期刊致力于向世界发声，而且是从中国的一个平台发声，因此，我选择从两个角度来诠释"全球秩序"这一主题：其中，主要将从整体"国际体系"的角度讨论"全球秩序"；此外，还将从中国崛起所带来影响的角度讨论"全球秩序"，后者将涉及中国与美国不断演进的关系。

从这两方面看，"全球秩序"都面临严峻困局。本文的主题叙述

《全球秩序》2018 年第 1 期（总第 1 期），第 36~46 页。

起来容易，但进一步展开较为困难，要在现实世界中实现就更为不易。虽然全球秩序现在面临严峻困局，但如果能根据新的全球现实，特别是世界权力关系的变化做出调整，我们完全有可能延续国际体系及其带来的好处。我们都有责任直面当前的困难，想方设法尽可能多地创造和平、繁荣和人类繁盛。成功或失败均非注定，我们的未来掌握在全人类手中。

一

"全球秩序"是民族国家间关系组成的总称。虽然理论上有多种解释，但"全球秩序"现今最常指的是二战后建立起来的国际机制和规范——联合国、布雷顿森林体系（国际货币基金组织、世界银行，现在也包括世界贸易组织），还有此后建立的其他国际条约、机构和规则。二战后初期的国际机构由二战胜利者创建，以美国为领导，旨在防止战争，推进更积极正面的未来发展。美国作为战后军事和经济力量最强大的国家，一直是现有国际体系的实际领导者。与苏联的冷战、去殖民化运动、国与国之间正式的结盟、区域性国际组织的诞生、国家之间绝对和相对实力的变化、非政府行为体影响力的扩大——这一切都使得二战以来"全球秩序"的形态和含义更加复杂。

整体而言，二战后的70多年，也就是上文所定义的"全球秩序"所在的时代，是一个繁荣与和平的时代。（众所周知，这一表述需要加上保留说明，特别是对世界许多人来说，因为他们在此期间经历了可怕的战争和贫困。）这70多年也是西方民主政治和市场经济在更广大范围内扩散的时代，它不仅反映了美国和欧洲在这个国际体系中的领导角色，也显示出一种愈加强烈的信念，即西式民主价值和开放市场经济是政府施政的"最佳基础"。尽管美国并不完美，它却一直是个极具建设性的超级大国，在战后给世界带来了巨大福祉，务实地在众多领域带头创建了一系列"正和"（positive sum）的全球政策，维护了可敬的人类价值观，在70多年里领导了这个造福许多人的全球秩序。但是这一全球秩序，包括美国对该秩序的领导地位，当前正面临巨大挑战。[①]

挑战来自多个方面，包括各类非政府行为体，例如恐怖分子和网络黑客。不过最重要的挑战还是来自民族国家。

当前的国际体系无疑在创设时期就由美国和其他西方国家引领，基本反映了开放市场经济的"自由"（liberal）价值观和对民主政治治理的偏好。苏联是创始时期的成员之一，但它很快变得心神不宁，尽管它有联合国安理会常任理事国地位和一票否决权的加持。十年之内，北约和它的对手华约出现了。随着苏联 1991 年解体，国际体系所面临的最大挑战也就消失了。随后 20 年里，美国拥有全球独一无二的主导力，但那个时期在今天看来是现代史中短暂且反常的一段。

近几年，俄罗斯和中国挑战了现有国际体系和主导该体系的西方国家。这些挑战反映了大国竞争局面的重现。但俄罗斯与中国带来的挑战不同，不应将二者视为相同类型或相同程度的挑战。

不论在语言上还是行动上，俄罗斯都构成了最大胆、最直接的挑战[②]。俄罗斯 2014 年兼并克里米亚、入侵乌克兰既是对后冷战时代北约东扩后地区安全秩序的攻击，又是对国家主权这一基本国际准则的攻击。俄罗斯对 2016 年美国大选的积极干涉和之后对法国、德国选举的干涉，让其推翻现有国际体系中民主领导人的意图昭然若揭。俄罗斯仍然拥有强

[①] 优秀的综述，尤其是从美国角度的分析，可参见我在耶鲁法学院的同事 Mira Rapp‐Hooper 和 Rebecca Lissner 的文章 "The Day after Trump: American Strategy for a New International Order," *Washington Quarterly*, Spring 2018, https://twq. elliott. gwu. edu/sites/g/files/zax-dzs2121/f/downloads/TWQ_ Spring2018 _ LissnerRappHooper _ 0. pdf; Jake Sullivan, "The World After Trump: How the System Can Endure," *Foreign Affairs*, March/April 2018, htt-ps: //www. foreignaffairs. com/articles/2018 – 03 – 05/world – after – trump. （我与苏利文共同教授耶鲁法学院"美国领导和全球秩序"课程的经历使我获益良多。）; Stephen Hadley, "America's Place in the World," https: //www. cfr. org/podcasts/stephen – hadley – americas – place – world.

[②] 参见 Vladimir Putin, "The World Order: New Rules or a Game without Rules," Valdai International Discussion Club Session XI, October 24, 2014, http: //en. kremlin. ru/events/president/news/46860。

大的武装力量和核力量。但由于俄罗斯经济疲弱，所以这些破坏活动看起来像失意和愤怒的结果。它的行为危险且充满机会主义，缺乏积极的愿景和复兴国家的能力。

中国是完全不同的。中国近 40 年的崛起是现代史上最非凡的事件之一。中国的崛起以国际体系为直接助力，而美国正是这一体系的领导者。虽然中国批判美国的亚太盟友体系和美国在亚太的军事存在，但它们很大程度上保证了亚洲地区的稳定（包括使美国的盟友保持非核国家身份），促进了中国的崛起以及经济的繁荣发展。中国不仅从中获益，而且很大程度上是以一种"搭便车"的形式获益的。

中国是否寻求推翻现有国际秩序？中国之外的声音尚未就此问题达成一致。但至少现在看来，中国与国际体系的关系肯定不是推翻或维护这么简单。[1] 的确，中国承认她从现有国际体系中获得了很多利益。唐纳德·特朗普当选美国总统后，中国领导人习近平似乎在努力捍卫现有国际体系，在世界舞台上讲话时他强调会捍卫全球化和"开放"经济。[2] 提醒读者，在美国退出《巴黎协定》后，中国仍然是该协定有力的捍卫者。中国对"开放"经济的口头支持正说明它没有直接挑战包括世界贸易组织在内的全球经济秩序。在当前外交领域，中国比美国的执政团队更像世界贸易组织体系的坚定捍卫者。（中国有时违反世贸组织规则，但她对于世贸组织裁决的接受情况属于国际主流。）

在气候变化问题上，中国无疑为《巴黎协定》的签订创造了良好的国际环境。有人说中国这样做是为了自身利益，是为了解决自己严重的环境问题，不过这不能构成对中国的批评。负责任的全球行为体当然都是依照自身利益制定政策，但同时也愿意领导或加入多边协定，为他人提供"正和"的解决方案。美国在气候变化方面曾是不可或缺的领导者，但特

---

① Jake Sullivan, "The World After Trump: How the System Can Endure."

② https://america.cgtn.com/2017/01/17/full - text - of - xi - jinping - keynote - at - the - world - economic - forum; https://www.uscnpm.org/blog/2018/04/11/transcript - president - xi - addresses - 2018 - boao - forum - asia - hainan/.

朗普总统退出《巴黎协定》确实给国际体系重重一击，也严重打击了通过多边、"正和"协议应对全球共同挑战的理念。不过可喜的是，特朗普总统的决定并不意味着该协议无效，甚至并不意味美国不会受该协议约束。我们联邦体系中的很多州，在最大的加利福尼亚州的带领下，与很多美国企业一起在自觉履行协议中美国的减排义务。更重要同时也不太为人所知的是，按照《巴黎协定》的规定，特朗普总统的退出决定三年后才能生效。最早的生效时间是 2020 年 11 月 4 日，而这正是 2020 年美国大选后的第一天。所以如果新当选的总统反对美国退出，退出的决定就不太可能会生效。

中国也是"伊核协议"（JCPOA）前期"P5 + 1"谈判的参与者和支持者。虽然有批评说中国本可以对朝鲜施加更大压力，但最近中国支持联合国对朝强力制裁的做法已经超出了多数人的期待，毕竟朝鲜是中国的邻居和盟友。

当然，中国显然也希望现有国际体系有重大改变。中国领导人相信中国新的相对实力可以实现这些转变，也正在现有机制内努力促成这些转变。中国没有明确列举想要促成的转变，但这些转变应该包括：增加中国在不同国际机构中的投票权；扩大人民币在国际经济中扮演的角色；强化中国官员在国际机构中的领导角色；在国际官方文件中加入中国理念（如"构建人类命运共同体"，"包容"、"多元"、不考虑参与国政治制度的国际秩序）；努力在总体上弱化日内瓦联合国人权委员会以及现有国际人权机制的角色；确保国际贸易规则以及对这些规则的解读无法损害中国基础产业体系；加强"领土主权"和"不干涉内政"观念，包括削弱"保护责任"这一概念，让他国无法以此概念为借口，武力干涉第三国等。中国想促成的转变可能还包括限制联合国条约框架下具有法律约束力、依法构建的多边争端解决机制，以及诸如《联合国海洋法公约》（UNCLOS）仲裁法庭等多边协议的作用。这一仲裁庭在最近菲律宾诉中国仲裁案中判定中国在南海的活动违反国际法，而中国拒绝接受仲裁决定。[①]

当前国际体系足够开放，所以能够持续改进并吸纳各类调整方案。[②]当前，美国和其他国际体系的初创国需要决定他们愿意做出怎样的调整。投票权这样的问题比较容易解决（虽然美国国会在批准国际货币基金组织给予中国更多投票权的问题上拖延了很久）。其他问题更为棘手，特别是如果调整会削弱自由市场和民主原则这些当前国际体系指导原则的作用，或者会削弱维护这些原则的国际组织的作用。面对中国急切希望调整所带来的压力，如果美国能加强对现有体系的支持，保留体系的这些重要元素会更容易。但现在看来美国并不会这么做。（详见下文第二部分。）要维持现有国际体系，无疑需要做出一些调整，但在新环境中寻找共识并不简单。我们之所以仍保持一定程度的乐观，是因为目前尚没有决定性证据表明中国反对现有秩序、将完全推翻或破坏它。至少现在来看，努力的空间尚存，我们可以寻求共识，保留"全球秩序"中有益的元素，毕竟这一秩序带来了广泛的和平与繁荣。

不过非常重要的是，中国在未直接挑战当前国际体系的情况下，已经给现有全球秩序带来了很多实际挑战，特别在亚洲。随着经济实力增长，中国的军事实力也大幅增加。中国在没有对全球体系进行任何正式修改的情况下，已经运用了经济实力来获得更大的影响（尤其在亚洲）。另外，中国创设并积极支持新的多边机构和机制。这些机构和机制多数在亚洲，补充了现有的国际机制，从某种角度说甚至与现有机制构成了竞争关系，

---

① Paul Gewirtz, "The Limits of Law in the South China Sea," https：//www. brookings. edu/wp－content/uploads/2016/07/Limits－of－Law－in－the－South－China－Sea－2. pdf；中文版参见葛维宝：《法律途径解决南海问题的限度》，https：//www. brookings. edu/zh－cn/research/% E6％ B3％ 95％ E5％ BE％ 8B％ E9％ 80％ 94％ E5％ BE％ 84％ E8％ A7％ A3％ E5％ 86％ B3％ E5％ 8D％ 97％ E6％ B5％ B7％ E9％ 97％ AE％ E9％ A2％ 98％ E7％ 9A％ 84％ E9％ 99％ 90％ E5％ BA％ A6％／。

② G. John Ikenberry, "The Rise of China and the Future of the West: Can the Liberal System Survive？" *Foreign Affairs*, January/February 2008, https：//www. foreignaffairs. com/articles/asia/2008－01－01/rise－china－and－future－west. 重要的是，艾肯伯里认为崛起国可以被纳入国际体系，但美国必须同时加强对体系的支持，强化现有规则和机制。美国应该这样做的部分原因是这样做可以引导崛起国，让其以对我们最有利的方式融入体系中。

并且最终可能会被理解为削弱、试图替代现有的国际机制。中国创设的机构和机制包括亚洲基础设施投资银行（AIIB，简称"亚投行"）、"一带一路"倡议、区域全面经济伙伴关系（RCEP）和上海合作组织。亚投行是一个中国主导的多边发展银行，目前来看提供了很有价值的基础设施援助，补充了现有多边机构的缺口。在我看来，美国拒绝加入亚投行是错误的。加入亚投行才有机会成为塑造其发展的一员，加入亚投行才能让中国了解到，美国是以开放的心态对待中国这个新任全球大国提出的倡议。随着时间的推移，我们看到亚投行大体都遵循了发展银行的大多数国际规范，包括治理和透明度规范。总体来说，亚投行是对现有国际秩序的补充而不是破坏。

雄心勃勃的"一带一路"倡议采纳了传统国际机构推广的理念，比如基础设施发展和地区互联互通。但是"一带一路"没有亚投行透明，治理模式不如亚投行清晰。许多外界人士估计，"一带一路"无法为利益相关方提供足够的保护。对当下来说更重要的是，"一带一路"的规模和中国表示将投入的资金量，都反映出中国试图通过"一带一路"这个地缘政治战略来加强该地区国家对其融资和援助的依赖、获取地区主导权。因此，"一带一路"被认为可能会破坏现有国际机制，可能会削弱美国和其他国家在这一广阔地区的影响力。伴随中国其他形式的经济影响，不断强化的军事力量以及在南海大胆、不断增加、让人不安的力量投射，"一带一路"的成功可能会发展出新的地区秩序——美国等其他国家被边缘化，中国成为绝对主导，领导一个在亚洲实际已被替代的"全球秩序"。但是中国想要达成这个目标还有很长的路要走，路上也将面临诸多阻碍。另外，与亚投行不同，"一带一路"倡议最近招致很多欧盟国家（匈牙利除外）① 和美国高级官员的尖锐批评，也有很多参与"一带一路"倡议的国家表现出疑虑。中国近期似乎认识到了"一带一路"倡议的一些风险以

---

① "EU Presents（Nearly）United Front Against China's 'Unfair' Belt and Road Initiative," *South China Morning Post*, April 20, 2018, http://www. scmp. com/news/china/diplomacy – defence/article/2142698/eu – presents – nearly – united – front – against – chinas – unfair.

及部分目标国的疑虑。未来形势可能还有很大变动。如果美国、日本、韩国、澳大利亚和欧洲国家想在亚洲地区秩序中继续扮演领导角色,那就需要在经济、外交和军事方面更加活跃。对"一带一路"倡议感到不安的国家只能努力重塑它,或者提出替代方案。① 如果没有国家这么做,未来"全球秩序"中很有可能会出现以中国为地区霸权的"亚洲地区秩序"。

二

评估中国崛起所带来挑战的同时,我们也应评估民主国家自己对当前国际体系的挑战。这些挑战既源自民主国家的政府,又源自其公民——确实,政府面临的挑战似乎根植于部分公民对国际体系的不满,而这些情绪又通过民主选举表达出来。

唐纳德·特朗普当选美国总统和他上任后的所作所为是所有挑战中最为重大的。在"美国优先"的旗帜下,特朗普总统明确否定和批评了现有国际体系的诸多方面,以及美国在该体系中的领导地位。他宣布退出巴黎气候协定,退出"伊核协议"(JCPOA),无视世界贸易组织规则,不断批评美国盟友占了美国便宜,表示总体来说更倾向采取单边行动或签订双边协议,而不是领导全球秩序或签订多边协议、结成多国联盟。(特朗普总统有些行为是自相矛盾的,具有代表性的是,他批判中国通过不公平的经济和贸易政策严重损害了美国经济,但他又同时决定让美国退出多边的《跨太平洋伙伴关系协定》(TPP),而该协定的核心目标就是创建一个高标准、自由化的多边贸易集团。如果美国当初签署了协定,就可以有力地制衡中国的贸易政策,同时很可能会刺激中国修改其贸易政策并最终成为协定的一员。)有时特朗普也感受到国际行动的益处,特别是在制裁

---

① Evan A. Feigenbaum, "Reluctant Stakeholder: Why China's Highly Strategic Brand of Revisionism is More Challenging Than Washington Thinks," *Macro Polo*, April 27, 2018, https://macropolo. org/reluctant – stakeholder – chinas – highly – strategic – brand – revisionism – challenging – washington – thinks/.

朝鲜的问题上。但他的言行已经挑战并破坏了国际秩序——也许并非不可逆，但这些行为至少在他任期内会危害国际秩序。

特朗普总统的行为不只是反常政治人物的古怪行为那么简单，认识到这一点非常重要。特朗普总统代表了美国和其他一些民主国家很大一部分的民意。这些民众认为国际体系对他们没什么益处——破坏经济、破坏国家认同、将自己的国家卷入不相干的海外行动。这些观点已经反映在英国"脱欧"和德国、意大利等民主国家右翼候选人的高支持率上。

如果国际体系要在现有形式下继续，民主国家的政治领导人需要考虑国内的这些反对声音，并要有所回应。一种回应方法，就是以更有说服力的方式解释国际体系能带来的经济福利、国家安全福利。对美国领导人而言，还要向民众说明美国全球领导地位在带来负担的同时，也带来了许多益处。当然，问题不仅仅出在政治人物与民众的沟通上，需要改善的还有国际体系本身。我们应该确保国际体系的规则可以让更多公民受益，特别是在经济领域，因为贸易和全球化都在经济领域制造了赢家和输家。经济领域的全球化和国际贸易可能可以降低物价，从而造福消费者，但也可能严重伤害某些行业或者地区的工人。所以，为了让公众更多地支持国际体系，我们也需要修改国内这方面的法律。国内立法非常必要，因为它不仅可以缓解失业者受到的伤害，还可以预见全球化的进一步影响，提前为应对国内经济可能出现的变化或不确定性做准备，努力为民众带来最大效益。

民主制度的优势在于，民众可以通过定期选举对其领导人进行问责。因此，民主治理的一个重大挑战就是实现民众理解的最大利益。国际体系想要延续下去，必须得到建立并维系这一体系国家的公民支持。国际体系的未来要求民主国家和它们的领导人既要妥善应对国际挑战，也要妥善应对国内挑战。

三

国际体系的存在从来没有显著降低国家间双边关系的重要性。当下的中美双边关系可能和整个国际体系同样重要，因为中国的复兴对美国现有的超强地位构成了前所未有的挑战。哈佛大学的格雷厄姆·艾利森提出了所谓"修昔底德陷阱"的概念，强调了崛起国挑战守成国所造成的危险局势，可能会引发严重冲突甚至战争的风险。① 中美间有摩擦，可两国直到最近都能妥善处理分歧，在多个领域开展有效的合作，从而稳定了双边关系。但是在我写这篇文章的时候，中美关系好像处于危险阶段——中国实力持续增长，两国竞争成为常态，贸易战开打，双方态度都更加强硬。如果中美关系在多个领域都变为极具进攻性的对抗，如果双边互惠合作领域缩水，那么和平与繁荣将面临严峻的风险，国际体系可能成为推动和平与繁荣的次级变量，"全球秩序"可能再次受到双边冲突的威胁。

关注全球秩序的人们需要在关注国际体系的同时也关注中美关系。中美并非注定一战。中美关系由人类意志决定，而非命运。我们这个时代的终极问题可能就是中美是否能够和平共存，双方是否都能不去寻求主宰对方。问题的答案取决于人类坚定的决心和不竭的智慧——决心和智慧不仅来自我们的政治领导人，也来自学者、思想家和为本刊做出贡献的人。

（齐鑫译，张翔、傅瑜校）

---

① Graham Allison, *Destined for War：Can American and China Escape Thucydides's Trap？* (Boston：Houghton Mifflin Harcourt Books，2017)

China, the United States, and the Future of the Global Order

Paul Gewirtz

Abstract："Global Order" is currently facing serious difficulties in terms of the "international system" as a whole and is being affected by the rising power ofChina, including the evolving relationship between China and the United States. Even though, it should be possible to renew the international system and the benefits it provides with adjustments that reflect new global realities, especially shifting power relationships in the world. The U. S. and China are not "destined for war." The great question of our age may well be whether the United States and China can co – exist peacefully as great powers, neither seeking to dominate the other. The answer will depend on the tenacious will and sustained wisdom of human beings – not just our political leaders, but including scholars and thinkers such as those contributing to this journal. It is the responsibility of all of us to confront the present difficulties and find a path forward that creates as much shared peace, prosperity and human flourishing as possible.

Keywords：China; US; global order; international system

战略轻率还是新的均势？

〔俄〕季莫菲·博尔达切夫（Timofei Bordachev）◎

【内容提要】 毫无疑问，当前是二战以来国际环境变化最为显著的时期。被普遍承认的准则和居于主导地位的国家的缺失成为当前国际局势最重要的特征之一。相互尊重可能是大国，甚至主要大国关系中最为稀缺的东西。中国和美国都将俄罗斯视为潜在盟友，他们正为此而努力。欧洲政治将进入新时期，届时欧洲和作为整体的西方将不再具有影响国际事务的垄断性地位。西方自由主义全球秩序的终结并没有带来一个新的、对所有国家更公正的秩序安排。相反，世界显然已经进入了一个漫长的外交和混合型军事对抗的时代。由西方全能力量相对衰弱导致的相对不确定的时期正在结束，一场争夺全球主导权的新的斗争正在上演。

【关 键 词】 均势 战略轻率 全球主导权 西方自由世界秩序

【作者简介】 季莫菲·博尔达切夫，俄罗斯国立高等经济大学欧洲和国际综合研究中心主任；俄罗斯智库瓦尔代欧亚俱乐部项目部主任。

当前无疑是二战以来国际环境变化最为显著的时期。尽管1990年代初期苏联的解体曾导致国际体系的严重失衡，但并未引发国际体系内在特征和基本过程的巨大波动。只有当今中国和印度的崛起才可以与1945年国际体系的根本变动相提并论。自由主义国际秩序曾被宣称为普适的，但最终证明只是在某些国家相对完全主导下的一个短暂时期。在这一时期，美国及其欧洲盟友享受了几乎完全的行动自由和充分发挥其优势的绝佳机

《全球秩序》2018年第1期（总第1期），第47～62页。

会。由此，这些国家内政的优先事项和氛围被任意地延伸到外交政策中，这导致国际安全变得极其依赖几个最主要大国的内政变动。在过去将近一百年的时间里，全球各国政府努力构建国际制度和国际法体系，就是为了阻止上述情形的发生。在 19 世纪，战争是出于外交需要；在 20 世纪，战争是为了争夺资源和主导权；在 21 世纪初期，战争则是为了解决战乱国家的国内问题。最生动的例子莫过于西方国家对南斯拉夫、伊拉克、利比亚的干涉，当然也包括对叙利亚并不成功的干涉。可以想见，如果非西方国家——中国、俄罗斯和印度——选择诉诸武力，他们会采取更加迂回的方式，并将目标严格限定在外交政策的范围内。

失去"稳定器"的世界

另一个让人担忧的问题是国家间关系中两个主要"稳定器"——被普遍承认的准则和居于主导地位的国家——的缺失，这是当前国际局势最重要的特征之一。1991 年之前，存在两个强权国家可以把它们的意志强加在除了中国和某种程度上的印度的大部分国家身上。在两极格局最终解体后，以普遍接受的制度为基础的公平竞争也曾有望成为国际关系的主要特征。但是冷战的实际赢家决定以自己的利益去建构这个世界，并创造出一个单极体系，这就是我们所知的"自由世界秩序"。这一秩序被一个无可争议的规则维系着：美国是世界政治经济规则的主要制定者，也只有美国才能违反国际法。至于其他国家，要么被邀请纳入西方世界，成为高级合伙人，要么就只能袖手旁观，老老实实地享受经济全球化和自由贸易带来的好处。西方同时也确信，经济因素早晚会将中国纳入西方的游戏规则和政治体系。

然而，这一计划并未奏效。俄罗斯已经强大到足以保护其国家利益。中国则坚持认为，全球治理体系应当进行改革，国际规则应当更加公平。不过，被所有国家尊重的规则并没有出现。美国似乎选择了一种策略，即如果这些规则不是美国所认同的，那就宁可没有规则。其结果是，世界陷入了更加混乱和危险的状态，甚至比 1914～1945 年第二次三十年战争结束后的情况还要严重。1945 年由战胜国缔造的国际秩序是自威斯特伐利亚体系诞生以来最彻底的变革，但这一秩序已然开始崩塌。

寻找历史类比并分析历史经验，既是理解当代局势的最佳方式，也是激发解决当代矛盾思路的最佳方式。特定的模式和关键因素决定着既存体系的稳定性，人们通过研究国际关系的历史来寻找这些模式和因素。如果我们要寻找历史类比，最接近当前局势的应当是从 1871 年德国统一到 1914 年一战爆发之间的那个时期。那一时期的根本特征是，西欧核心国家——法国和德国——之间不可调和的矛盾，主要大国之间因为利益分歧在边缘地带的大量小型冲突，以及贸易和人类交往的全球化。

例如，在 1913 年，英国和德国的贸易规模最为庞大，但仅仅一年之后，两国却成为死敌。德国也是俄国最大的外部投资者，在俄国经济中投入了 3.78 亿金卢布。那时也没有现代意义上的签证或边界。欧洲贵族是全球精英，多数欧洲国家的王室都属于同一个大家庭。在之前的 40 年里，主要的全球性大国之间没有发生过战争，涉及三个以上国家的最后一场冲突是克里米亚战争（1853～1856）。自 1815 年以来，还没有真正发生过大规模血腥战争（当然，这没有包括殖民侵略对人民造成的伤害）。与此同时，国家间关系被相互猜疑所支配。由此导致的后果是一场持续 30 年的军事和外交冲突，其中包括夺去数千万人生命的两次世界大战。

今天我们看到了某些类似的情形。随着贸易全球化的进行，政治关系日益复杂棘手。就像在 20 世纪初期那样，许多人认为经济上的相互依赖会阻止形势升级为全面战争，所以他们可以轻率地处理那些引发冲突的根源性问题。美国政府公开无视国际法，称其只关心自身的利益。华盛顿的行为反复无常且蕴含风险，正在侵蚀着国际安全。国际体系已然失衡。欧洲正在迅速丧失推进和平事业的能力。中国和俄罗斯敦促公平竞争，尊重国际机制，维护全球化成果。然而，他们也不得不频繁针对西方国家的行为作出对等的反应。此外，还有一种新的"和平倾向"（habit of peace），认为核武器一定可以确保大战不会发生。换句话说，当前情况与 1871～

1914 年并无二致，而通过对后者的研究，我们可以避免形势滑向重大冲突。我们甚至可以搞清楚，到底怎样做才能建立一个相对稳定的世界秩序。

经验告诉我们，国际秩序既要有物质基础（军事力量），也要有非物质基础（尊重、规则和对合作伙伴合法性的承认）。在历史的某些阶段，一种基础的权重会大于另一种基础。1871～1914 年和 1945～1991 年的权力均势本质上源于物质基础。然而，在这两个时期，权力均势和直接军事遏制是导致而不是在一定程度上避免了全面冲突。这两个案例的结果都是一个或数个大国的失败，一战中是在直接军事冲突中失败；而冷战中，则是在超级大国随时开战的威胁笼罩下，在边缘地带的混合战争（hybrid warfare）中失败。

1648～1871 年的欧洲秩序源于维也纳会议，其本质截然不同。就像整个威斯特伐利亚体系一样，这场会议基于（君主）合法性、相互尊重和对游戏规则的协商一致。尽管政治体系各有不同，威斯特伐利亚体系的创造者和维也纳和会的参与者理所当然地相互尊重并承认彼此的合法性。这种秩序更早的例子可以在古代东方的历史中找到，中国春秋时期各国的关系就是如此。在公元前 14 世纪，五个诸侯国的统治者成立了"大国俱乐部"，并以"兄弟"相称，古代中国的国家间峰会就像是 19 世纪欧洲和平大会的前身。在欧洲，相互尊重和承认合法性的原则一直持续到 1917 年俄国革命，在随后的一百年中，这两个原则都在国际关系中有所缺失。

当前，相互尊重可能是大国，甚至主要大国关系中最为稀缺的东西。这一点在西方与其他国家之间的分歧中尤其明显。在某些情况下，尊重的缺失源自对合作伙伴内部稳定性和合法性的主观评估。这就是美国及其多数盟友看待俄罗斯和中国的方式。从其陈述和评估来看，美国的将军们和多数专家都认为，一旦事到临头，中国将不会具备足够的决心来应对问题。他们认为，尽管中国拥有经济实力和持续增长的军力，但其并不准备面对严重的压力和军事挑衅。尽管如此，美国还是将中国称为两个超级大国中的一个。华盛顿和欧洲的大多数专家和决策者也相信，俄罗斯是"泥足巨人"，其经济无法承受长期的对抗，其政治体制将不可避免地被更符合西方要求的秩序所取代。这是上届政府所持的观点，多数新上任的共和党领导人也越来越多地认同这一观点。就欧洲而言，其押注于俄罗斯的内部变化，但这造成了一个根本性的问题。这种观点认为寻求改造一个国家是解决分歧最可靠的方式，这就不可避免地使我们不可能承认对手的合法性并表达相应的尊重。西方对朝鲜或印巴关系的态度，还有半点尊重吗？

在其他的案例中，缺乏尊重既是由于主观地揣度对手意图，最重要的也是由于主观上的言行不一致。俄罗斯和中国越来越多地感到，无法认真对待新一届的美国政府。美国总统及其核心圈子成员威胁性的、矛盾的和不负责任的言论并没有转化为实践，他们反复无常、近乎疯狂和惹人反感的政策在很大程度上印证了这一结论。其结果是，世界开始将新一届美国政府视为"纸老虎"。令人遗憾的是，欧盟和欧洲主要国家领导人的某些决定，也并没有给予中国和俄罗斯足够的尊重，对与欧洲紧邻的俄罗斯尤其如此。很多俄罗斯人无法理解欧洲自相矛盾的外交政策的实质。俄罗斯人看到了"阿拉伯之春"和欧洲难民危机的后果，他们很好奇欧洲人是否能够看清他们政治决策和后续结果之间的因果联系。此外，这也使国际关系陷入知识和政治的僵局。

相比而言，俄罗斯和中国对彼此就更加尊重。两国领导人频繁会晤，认真倾听彼此对于瞬息万变的外交和治理议题的看法。2015 年 5 月，习近平主席出席了在莫斯科举行的纪念阅兵式，该阅兵式遭到了西方领导人的公开抵制。2017 年 5 月，俄罗斯总统是唯一一位参加在北京举行的"一带一路"国际合作高峰论坛的大国首脑。中国首都似乎是俄罗斯领导人最常去的外国城市。普京和习近平之间的会晤比他们与其他任何领导人的会晤都更加频繁。仅 2017 年，这样的会晤就有两次。人们的印象是，这些会晤和讨论已经成为亲密朋友间交换信息和观点的稳定渠道。

然而，怀疑者会说，尽管中国对俄罗斯的投资持续增长，但两国的良好关系并没有对经济和双边贸易产生很大影响。例如，根据中国估计，2015 年中国对俄罗斯的投资达到了 30 亿美元。2016 年的官方统计也不会少于这个数字。俄罗斯专家表示，这使得俄罗斯成为继英国和荷兰之后，中国在欧洲的第三大投资国。贸易正在持续恢复，俄罗斯一些新的产品类别进入了中国市场。因此，经济在双边关系中缺席的说法是完全不正确的。然而，从战略上讲，另一件事情对俄罗斯更加重要。毫无疑问，经济在国家关系发展中是很重要的，但是，从历史上看，贸易和经济在多大程度上能够保证国家间强有力的政治关系并消除冲突的危险，这仍是一个悬而未决的问题。让我们思考一些例子。正如上面提到的，众所周知，一战前夕，英国和德国的贸易往来极其活跃，德国是俄国战前最大的外国投资者之一。尽管如此，这并没有阻止人类历史上最为血腥的武装冲突在这些国家之间爆发。

1960 年，苏联是中国最大、最重要的贸易和经济伙伴。那时的中国仍然在一定程度上被国际社会所孤立。在此前的十年里，中国也是苏联最重要的贸易伙伴，只有东德曾经在 1957 年一度超过中国。中国雇用了苏联工程师和军事顾问，苏联为中国大量工业设施提供了技术和信贷。例如，在 1955 年，双边贸易总额达到 12.9 亿美元。但这些都无助于阻止政治关系急剧恶化。从 1960 年到 1969 年，中苏两国从盟友滑向了局部武装冲突。在接下来的十年里，几乎所有接触都逐步停止，连接两国的铁路也被停用。这一切发生的原因，是两国领导人在如何看待双边和国际关系的关键问题上突然产生了分歧。

还有一些更新的例子。截至 2014 年，欧盟控制了俄罗斯超过 52% 的对外贸易，这使其成为俄罗斯最重要的贸易伙伴。一些欧洲外交官甚至半开玩笑地称欧洲是"俄罗斯贸易的大股东"。应当注意的是，欧盟作为一个整体一直保持着这个地位，直到现在，欧盟仍在俄罗斯对外贸易中占有 46% 的份额。仅仅在几年前，德国还是俄罗斯最大的单一贸易伙伴，直到这一位置被中国所取代。即便如此，毫无疑问，俄罗斯与包括德国在内的欧洲的政治关系正处于上世纪 80 年代中期以来的最低点。双方都在发布措辞强硬的声明，并进行以对方为潜在对手的军事准备。

当然，另一个例子是美国和中国的关系。就其对世界经济的重要性而言，中美关系仅次于美欧关系。2016 年，美国从中国进口的总额达到 4871 亿美元，美国向中国的出口总额达到 1157 亿美元。然而这并不能阻止美国在敏感地区问题上周期性地挑动中国神经。由于在关键国际和地区问题上缺乏共同愿景，尽管中美两国关系仍然以合作为基础，却已处于下行通道，并通向一种隐性的对立。中国和日本之间也有着紧密的经济联系。然而，这两个亚洲主要大国之间的关系很难让人放心。

当然，这并不意味着中美之间或中日之间可能会爆发战争。相反，有了上述认识，我们可以更好地理解，高水平的经贸联系并不能保证政治上良好的关系——尊重和互信。相互信任是国家间解决所谓"修昔底德陷阱"的唯一办法，由此可以避免各国由于对他国意图的不确定而不断加强军事准备的困境。尽管基于同样的信任和共同的世界观，西方国家组成了一个独特的国家共同体，这个共同体中原则上不会发生战争，但也正是在这种相互信任中，我们找到了西方团结动摇的根源。

然而，在西方国家的特殊关系之外，尊重和相互承认很难被视为主要国际竞争对手间关系的因素。在 19 世纪初，这一点同样没有那么明显，这也凸显了今天与那个时代的一个危险的共同点，即为了战术上的胜利和国内民众的政治支持而去冒险制造对立。美国的政策尤其如此。鉴于中东和东北亚局势升级的不确定性，美国新一届政府的战略轻率可能在某种情况下导致战争。目前欧洲没有那么鲁莽，因为其军事实力更弱。尽管如此，欧洲大国通过支持 2014 年的乌克兰政变并指责俄罗斯干涉乌克兰内政，在这一问题上制造了军事和外交冲突。这两种情况下，在面对外部威胁时，获得短期利益的渴望和巩固国内团结的需要占了上风。然而，俄罗斯和中国也必须做出决定以回应对手的战术攻击，而非仅仅基于其长期战略行事。但是，请允许我重申，莫斯科和北京负责任的行为是受到其国内政治组织支持的。

一百年前，大国的战略轻率导致了世界大战，尽管他们互相尊重并承认彼此的合法性。为了避免被拖入冲突，当新一届美国政府试图向俄罗斯和中国表达尊重时，仅仅承认其维护各自价值的权利是不够的。当涉及重要军事强权的利益时，我们需要放弃使用武力或以武力相威胁来实现外交政策目标。在创造新的全球秩序的条件成熟之前，世界政治将仍然是大量"小交易"的集合。我冒昧揣测，美国及其盟友不会接受任何"最终解决方案"，除非该方案可以保证他们成为无可置疑的赢家。我们所能期待的最好结果是，他们将加强保护措施，以防止鲁莽的赌徒带领世界走向战争边缘。这就是为什么交易应当由外交官在国际组织和论坛上达成的原因——这也是 20 世纪唯一的成就。

因此，西方自由主义全球秩序的终结并没有带来一个新的、对所有国家更公正的秩序安排。相反，世界显然已经进入了一个漫长的外交和混合型军事对抗的时代。不管我们喜不喜欢，由西方全能力量相对衰弱导致的相对不确定的时期正在结束。它正被一场争夺全球主导权的新的斗争所取代。这场斗争的主动权属于美国，迄今为止，美国表露出最大的决心，以摧毁其自身在冷战后建立的所有人都相对受益的游戏规则。根据所有的评估，一场前所未有的军备竞赛正在全面展开。顺便说一下，从 2018 年 3 月 1 日呈现的最新武器来判断，俄罗斯领导人不会卷入到这场竞赛中来。俄罗斯领导人参考了苏联的经验，苏联为了赢得一场对称的竞争而承受了过重的负担。多数俄罗斯领导人都目睹了这个我们自己建立的超级大国的崩溃。有些人提出的回应策略将会导致更大的不对称，其目的是抵消威胁，而不是创造威胁。美国正在采纳一些观念性的文件，这些文件在过去似乎是不负责任和愚蠢的，但现在却只能被看作一种真实意图的声明。很明显，俄罗斯总统的决心也受到了美国最近关于核战略的程序性文件的挑衅，这些文件主张首先使用核武器是可能的。

新背景

与此同时，这一斗争正在完全不同的背景下发生。中国已经在全球层面加入了这一斗争。尽管北京不像美国那样，把全球主导权宣称为自己的目标，但根据所有的评估，其将被迫在某些方面寻求主导权。中国经济巨大的规模及为中国经济提供资源的需要，中国的巨大体量以及发展水平，都将促使其围绕自身需要建立一套立体化的、友好的国际关系体系。印度没有全球野心，但正在寻求对其周边利益的尊重。这迫使德里积极建设地缘战略组合，而这引发了北京的不安。俄罗斯不能在中印之间做出选择。印度本身的资源和能力是有限的，但是在决定欧亚地区是成为一个合作区域还是中印地缘战略竞技场方面，印度扮演着重要角色。

俄中两国维持不同以往的良好双边关系并共同参与世界政治，将是从根本上改变国际环境的重要因素。这也将赋予核超级大国俄罗斯新的责任。因此毫不意外，俄罗斯总统在讲话中称，新的武器系统本身并不是目的，甚至不是为了像美国和（越来越多情况下的）中国那样站在全球政治的顶点。仅凭自身的军事实力，俄罗斯需要在其周边以外控制的地区，甚至比印度还要小。莫斯科认为，新的、先进的武器系统对于建立和巩固全球力量平衡是必要的。在现代条件下，只有这种全球和区域层面的力量平衡才能保证人类不会陷入全球冲突。

关键是要明白，不管是中国还是美国，都会考虑将一个军事上软弱且缺乏自信的俄罗斯视为潜在的盟友。他们将为争夺俄罗斯而进行斗争，这种斗争的迹象已经显现。俄罗斯加入其中的任何一极将不可避免地迫使其他大国也作出自己的选择。这种全球军事政治体系的极化将成为人类终极竞赛的重要一步。这种"战略轻率"已然具备一种惯性，并将被国际体系的结构强化，而这个体系实际上正是1914年欧洲的翻版。当所有的棋子都以最适合冲突的顺序出现在棋盘上的时候，仅仅需要一声令下，其中一个阵营将会越过没有回头路的临界点。

在这种背景下，弗拉基米尔·普京（Vladimir Putin）在2018年3月1日向联邦议会发表了讲话，终结了甚至还仅仅停留在理论层面的俄中军事联盟的议题。拥有大量先进的现代武器就从根本上排除了俄罗斯是否需要强大的支持者来确保其安全的议题。中国的一些政治学家讨论了北京和莫斯科之间建立正式联盟的可能性，以及使之成为可能的条款，而另外一些中国专家则反对这一提议。应该提到的是，一个假想的联盟对俄罗斯来说并不是一个紧迫的问题。与欧洲和亚洲的中小国家不同，莫斯科在国家安全或抵御外部威胁方面没有与任何人结盟的需要。俄罗斯有能力完全依靠自己的力量来抵御任何外部威胁。此外，它不需要为美国海军主导权的问题费心。

中俄战略关系

从俄罗斯的角度来看，一个同样重要的问题是，中俄关系会对世界稳定（或不稳定）作出什么样的贡献。考虑到美国日益轻率的政策取向和欧洲不友好的被动局面，这个问题尤其重要。美国行为的不可预测是双倍的：没有人知道精英们对总统开战的后果，也没有人知道特朗普总统自己有什么期待。美国和欧洲这样的关键行为体在不久的将来并不会变得更负责任或更可预测。因此，更多的责任将由世界体系中的其他国家来承担，这些国家的核心就是俄罗斯和中国。而中俄关系不应受到西方惯有的对莫斯科和北京关系中不可预测的行为的影响。

中俄关系的正式性质不能与国家间的外交政策议程混为一谈。应当站在维护全球和平需要的视角，来分析假想中的中俄同盟的潜在重要性。我们可以看到，在这种情况下，如果将我们时代和1890～1914年的“战略轻浮”时代类比，在很多方面，恰恰是因为中国和俄罗斯之间缺乏正式的联盟，才使得这个类比最终不能成立。

反之，如果中俄联盟建立起来，该联盟将是在当前对协约国四国同盟局面的重现。在这种情况下，每一种包括守成国和崛起国的组合方式，要么试图改变现状，要么干脆想把桌子掀翻。可能正是由于这个原因，莫斯科和北京不应该急于在这个历史阶段正式建立他们的同盟关系。这将使国际体系面临危险的僵化，从而在冲突中更加脆弱。考虑到当今国家外交政策的特性和世界政治的体系性特征，这一点尤其具有威胁性。就俄罗斯而言，它需要朋友、战略伙伴，甚至是在困难时期可以依靠的盟友。但显然，它不需要庇护人。这意味着它可以继续成为美国和中国之间唯一的平衡者，否则中美两国就会为争夺全球主导权而陷入对抗。然而，这并不意味着莫斯科和北京之间关系，与它和其他国家的关系有任何本质和精神上的不同。

显然，失败的单极世界不是在被一个更稳定的两极或多中心的国际体系所取代，而是要被在很大程度上无法控制的混乱所取代。在这种情况下，评估不同国家之间的分歧到底是客观的、主观的还是策略性的，正变得越来越重要。即使从理论上看，这种混乱是冷战后形成的不公平秩序的自然结果，这可能会导致一场全面的危机。最重要的是，这场危机正使得我们面临的战略文化的退化（archaization）愈加迅速。即使是最坚定的以现代方式处理国际问题的信徒，对此也无法抗拒。例如，德国代理外长西格马尔·加布里尔（Sigmar Gabriel）在慕尼黑的讲话中称，欧盟"在食肉动物的世界里不能成为素食者"。尽管柏林传统上是多边主义——甚至在某种程度上也是对外政策的后现代主义——最活跃的推广者，但这一具有标志性意义的声明却恰恰出自一位德国政治家。

美国发起了新的竞争

那些最近认为外交政策已经极度过时的国家，比如印度，或者某种程度上唐纳德·特朗普领导下的美国——他简直是最原始的政治思想和行动的化身——已然成为最精明和最适应现状的参与者。这种正在全球范围内展开的战略文化的变迁，在未来可能重新将一些似乎已被遗忘的问题，如国家领土边界不可侵犯或主权国家独立制定内外政策的权利等摆上台面。如果美国总统能在联合国的讲坛上威胁要摧毁一个联合国成员国，为什么其他领导人不能在国家利益受创的情况下做出同样的事情呢？这个问题仅仅涉及对威胁规模的主观评估以及避免这种威胁的物质手段的有效性。

对美国来说，新政策将不是适应其不喜欢的现实。任何无法导致美国的统治和繁荣的现实对其来说都是不可接受的。原则上，只有在与其他国家的关系中处于无可挽回的弱势地位，一个国家才会放弃出于自身的目标塑造现实的努力，而只是被动地适应现实。从某种意义上说，俄罗斯现在正走上这条道路。它已经不够伟大，没有能力创造制度和规则。也许，有人认为俄罗斯能够在未来奉行孤立主义政策，或是在没有多边联盟和机制的情况下行事，但这样的想法是错误的。欧亚经济联盟、上海合作组织或金砖国家这样的组织和机制对俄罗斯实现其国家发展目标而言是必要的。毕竟，发展不一定需要采取为了生存才会进行的支配活动。

美国则是另一码事。美国在新战略中几乎没有承认现实，这体现在其制定的自 20 世纪 80 年代初以来最大的军备计划，以及新总统的执政风格。这是一场争夺全球统治的新冷战。在过去的几十年里，我们已经习惯了与以往截然不同——更加随意、愚蠢和直截了当——的美国政策，这是美国的自负和对其使命的真诚信念的混杂产物。在苏联解体后，美国人已经习惯了没有限制，这削弱了其行动智慧和创造能力。从现在开始，美国的政策，尤其是在欧亚地区的政策，将重新由罗纳德·里根的冷战战略——"我们要赢，他们会输"决定。

在这场斗争中，挑拨离间其他主要国家，使其相互对立，正在变成一种斗争工具，正如以往一度发生的那样。由此，中印两国的矛盾被以各种可能的方式进行挑拨，尽管两个大国显然足够明智，并未被这种挑拨所误导。中印的分歧本质上并非客观而不可动摇，虽然两国在总体的欧亚问题而非外围问题上存在双边难题。正如我们经常从印度同事那里听到的那样，印度的战略目标也不是一成不变、包罗一切的，相反，他们有一份宽泛地界定出自身优先事项和国家利益的清单。

在这种既定的国际环境下，对俄罗斯、中国和其他欧亚国家而言，想方设法防止这种混乱扩散到他们所在的欧亚地区就显得尤为重要。如果大欧亚共同体（the Great Eurasia Community）的成员之间的关系比对其他国家的关系更加紧密和信赖，那么从长远来看，这个共同体背后的政治理念就会成为国际社会的共同理念。但首先，要防止欧亚地区内部形成相互敌对或致力于角逐权力中心的多极格局，在这样的格局下，中俄两国由于军事、政治和经济能力，仍会是关键的参与者。美国及其在欧洲的主要伙伴——英国、德国和法国——似乎都在推行旨在鼓励欧亚地区内部竞争的政策。

欧洲的转变

总的来看，欧洲正逐步回归到一种更加灵活和积极的政策。这不仅仅体现在文字和宣言中。欧洲显然正处于对其精英、政党和政治体系进行彻底改革的开端。选民的厌倦、过去十年间的大量危机以及欧洲建制派的整体退化，正缓慢而坚定地推动旧世界走向新的政治现实。在某些情况下，我们会面临领导层的剧烈退化以及他们迫于形势进行的调整，在另一些情况下，现有的领导层会被新的领导人和政党所取代。对于欧洲政治家而言，20 世纪最后十年是一个有着无限红利和极少约束的时代，这种情形使得他们在面对战争与和平这样重大的问题时采取了极其轻率的态度。当在政治和经济方面有利可图时，就很容易上演侵略行为。一些国家解体了，包括欧洲内部的国家。像南斯拉夫这样的大国因为不服从新主人而被打翻在地。1999 年春天，它被直接轰炸，其领导人身陷囹圄。在那个行将终结的时代，伴随着胜利的狂喜，海牙法庭也顺带成为西方和欧洲绝对权力的象征。

但是在 2008 年以后，形势开始变化。首先，在享受其成功的同时，欧洲犯下了大量战略错误并卷入了一系列危机之中。其次，中国和没有被扼杀在 1991 年的俄罗斯正运用不断增长的能量来挑战西方对权力的垄断。最后，欧洲没有面临严重问题的形势本身，葬送了欧洲的领导人和领导力。权力被交给了那些委婉地讲不太出色的人。大卫·卡梅伦（David Cameron）、若泽·曼努埃尔·巴罗佐（Jose Manuel Barroso）、卡尔·比尔特（Carl Bildt）、尼古拉·萨科齐（Nicolas Sarkozy）、弗朗索瓦·奥朗德（Francois Hollande）之类的人都只是徒有其表，并在自身周围造成了领导力真空。上面提到的"战略轻率"，正是欧洲领导人们的真实写照。其造成的悲惨后果包括乌克兰内战、中东难民潮以及与俄罗斯关系的深刻危机。上面提到的人物已经被扫进了历史的垃圾桶，紧接着的就是安吉拉·

默克尔（Angela Merkel），她是这些人中唯一一个至少能制定出一个多少连贯的（也许还比较清晰的）欧洲议程的领导人。不幸的是，她的主要政治遗产将不是欧元区的稳定机制，而是欧洲的南北分裂和低至冰点的俄欧关系。

新的欧洲政治家将进入一个新的时期，在这个时期，欧洲和作为整体的西方将不再具有影响国际事务的垄断性地位。就目前而言，美国不愿接受这一前景，其国内政治波涛汹涌，对外侵略性日益增长，唐纳德·特朗普就是这一局面的象征。由于欧洲在传统上处于更加脆弱的境地，欧洲人将比美国人更早地接受新的形势。新一代的政治家埃马纽埃尔·马克龙（Emmanuel Macron）似乎就更倾向于与中国合作，而非向中国说教。新一代政治家的另一位代表奥地利总理塞巴斯蒂安·库尔兹（Sebastian Kurz），明确地表现出与俄罗斯修复关系的强烈愿望。德国自由民主党领袖克里斯蒂安·林德纳（Christian Lindner）在这一问题上也是如此。新一代领导人在欧洲掌权的时间越早，旧世界就会越早地适应新现实。

然而，目前尚不清楚欧洲精英和政治体系将在多长时间内获得新生。同样不清楚的还有欧洲一体化的结果，在过去 50 年，这是欧洲最主要的事业。对选民日益保守的诉求作出回应，将使得主导性政治力量右转。这对建基于相互开放和凝聚在多元化之上的欧洲哲学不是好消息，而这一哲学的核心，正是一体化思想。更有可能的是，中国和其他的伙伴会在即将来临的欧洲领导人更迭中受益。欧盟在世界上的新角色将不可避免地受到其内部权力更替结果的左右。雄心勃勃的平民主义总统埃马纽埃尔·马克龙计划领导这场运动。有理由希望，这个新生的欧洲将不会与大欧亚共同体为敌。到目前为止，欧洲领导人对自己无法强力掌控的变革持保守态度。最有可能的是，他们的中期战略将聚焦于分裂欧亚地区。

欧亚地区的议程

欧亚地区的中小国家，尤其是中等规模的国家可能会不自觉地支持这一战略。这些国家已经习惯于通过引入地区和域外伙伴来确保主权利益的安全。一个经典的例子是，东盟国家接受并欢迎美国、俄罗斯以及其他大国在东南亚的存在。这样的诱惑在欧亚地区的大陆部分也将产生影响。即便仅从理论的视角来看，这样的行为也是可以理解的，因为大国总是会在国际合作和一体化项目中做出最大贡献。当然，他们得到的也更多。不同规模的国家会从互动中得到各自不同的利益，这是客观的历史事实。明白这一点，并在共同发起项目时将其考虑在内，是十分重要的。

然而，在日益增长的混乱和倒退中，不会被实力更强的伙伴盘剥的合作将变得弥足珍贵。面对日益加剧的国际无政府状态，相比不能使自身利益最大化，合作和一体化获得的绝对利益更加重要。制度和规则正在崩溃，国家之间的关系——正如最强大的国家的行为——正变得越来越受制于现有的规范。在这样的情况下，所有的欧亚国家都应该珍视现有的文明的国际交流方式。这对俄罗斯、中国或印度等大国，哈萨克斯坦等中等国家，以及欧亚政治中的其他伙伴都具有同等的重要性。

最后，使欧亚地区与众不同的是，在这个新的国际环境中，不可能也不需要出现一个无可匹敌的霸主。这一地区包括至少三个大国，印度、中国和俄罗斯，以及一些规模较小的重要国家，包括伊朗、巴基斯坦、越南和韩国。虽然在该地区不排除策略性的竞争，但它也可以促进一种独特的国际制度的出现。这意味着，只要国家间关系的民主和稳定性被认真对待，在此框架内创建和运作的超级区域性共同体就可以做得很好。因此，聚焦于对区域参与者的行动路径和表现进行比较，并将这些行动路径转变为制度和体系，是一项十分重要的工作。国家间的关系是由性质和内容构成的，前者肯定比后者重要得多。如果性质是健康的，那么在内容中可能出现的问题就可以得到解决。即使更广泛的国际秩序受到了严重的破坏，在欧亚这样的超级区域层面，也可能有机会使其稳定下来。

（刘传平译，张翔、傅瑜校）

Strategic Frivolity or New Balance of Power?

Timofei Bordachev

Abstract: The contemporary time definitely stands out the most for the most significant change in the international context after the end of World War II. The most important feature of the international situation today is the absence of generally recognized rules of the game and dominant players. Mutual respect is probably the scarcest commodity in relations between great or even just major powers. Both China and the United States consider Russia as a potential ally and they struggle for it. Europe is entering into a new age in a situation where Europe and the West as a whole will no longer enjoy a monopoly of influence on international affairs. The finale of the Western liberal global order did not lead to a new, more just for all arrangement. The world has entered into an apparently lengthy diplomatic and hybrid – type military confrontation. The period of relative uncertainty, which emerged against the backdrop of a relative weakening of the West's omnipotence, is being replaced with a new struggle for global domination.

Keywords: balance of power; strategic frivolity; global domination; western liberal global order

美国的领导力及自由主义国际秩序的未来[*]

〔美〕约瑟夫·奈（Joseph Nye）◎

【内容提要】 第二次世界大战以来，美国在全球政治中拥有前所未有的权力，有些人把这种权力称为美国的"霸权"。不过，一些分析家认为，美国主导的自由主义秩序可能将走向终结。目前，世界政治中两个重大的权力转移：一是权力从西方国家转移到东方国家，表现为以中国、印度为代表的亚洲经济体迅速崛起；二是权力从国家到非国家行为体的扩散，这主要得益于以互联网兴起为代表的信息技术的快速变革。这对美国权力所维系的自由主义秩序提出了挑战。然而，与中国崛起构成的威胁相比，对这种领导作用的更大威胁可能来自美国国内的民粹主义政治。今天，美国的优势有些不如当年，而世界则变得更加复杂，至关重要的事情仍将是美国与他国合作来提供全球公共产品。

【关 键 词】 美国领导力 自由主义国际秩序 中国崛起

【作者简介】 约瑟夫·奈，哈佛大学肯尼迪政府学院大学杰出教授（University Distinguished Service Professor）。

创建秩序及生产全球公共产品是国际关系中的重大问题之一。用马丁·沃尔夫（Martin Wolf）的话来说，今天"我们正处在一个历史时期

---

* 本文转自王缉思主编《中国国际战略评论2017》，世界知识出版社，2017。

《全球秩序》2018年第1期（总第1期），第63~78页。

的终点，那个时期在经济上表现为西方领导下的全球化；在地缘政治上表现为后冷战时期美国领导全球秩序的 '单极时刻'。问题是：接下来第二次世界大战之后的世界会向何处去？是将进入一个类似于 20 世纪上半叶那种去全球化并充满冲突的时代，还是进入一个由非西方大国（特别是中国和印度）在维护全球秩序方面发挥更大作用的新时代？"①

自第二次世界大战以来，美国在全球政治中拥有前所未有的权力，有些人把这种权力称为美国的"霸权"，并把它与第一次世界大战前英国治下的和平相提并论。当时的英国居于 19 世纪全球秩序的核心，帮助提供了诸如稳定的货币、相对开放的市场和公海自由等公共产品。不过当时的英国并不像现在的美国一样具有压倒性优势。1914 年英国的国内生产总值（GDP）在全球仅名列第四，军费开支排名第三；而当今的美国无论是在以这两个指标衡量的硬实力资源上，还是软实力方面都位居首位。② 不过，一些分析家认为，美国的自由主义秩序可能将走向终结。用《金融时报》专栏作家菲利普·斯蒂芬斯（Philip Stephens）的话来说，"1945 年创建的基于规则的自由主义体系，在冷战结束后得到迅速扩展，但是眼下却面临着空前的压力，全球化正在退潮。"③

世界政治中两个重大的权力转移，对与美国权力密切联系的自由主义秩序提出了挑战。一是权力在国家间的转移，即权力从西方国家转移到东方国家，表现为以中国、印度为代表的亚洲经济体迅速崛起；二是权力转移则表现为权力从国家到非国家行为体的扩散，这一扩散主要得益于以互联网兴起为代表的信息技术的快速变革。随着威权主义的国家挑战者崛起，美国的自由主义秩序会被取代吗？或者，美国领导的秩序将陷入一种

---

① Martin Wolf, "The long and painful journey to world disorder," *Financial Times*, January 5, 2017, https://www.ft.com/content/ef13e61a - ccec - 11e6 - b8ce - b9c03770f8b1.

② Joseph Nye, *Is the American Century Over?* (London: Polity Press, 2015).

③ Philip Stephens, "The Trumpian threat to the global order," *Financial Times*, September 22, 2016, https://www.ft.com/content/3f16e476 - 7e5c - 11e6 - 8e50 - 8ec15fb462f4.

新封建主义（neo‐feudalism）的混乱状态，任由非国家行为体大行其道吗？

美国的自由主义世界秩序

1945 年之后出现的自由主义国际秩序是由美国领导的体系。在这个体系中，弱小的国家拥有制度化的机会来享受美国权力所提供的保护。美国在由多边规则和机构结成的松散体系内，提供诸如自由贸易和公海航行自由之类的全球公共产品。尽管美国在冷战期间在与苏联竞赛的过程中支持了一些独裁者，但美国总体上还是倾向于民主和开放。不论美国的自由主义国际秩序有多少不完美的地方，如果德国赢得了二战，或者苏联在冷战中获胜，那么 20 世纪后半期将呈现出完全不同的景象。同样的，如果21 世纪后半叶国际社会听命于威权主义国家，或者根本没有秩序可言，那么世界也将是另一番模样。

我们必须进行审慎的分析，谨防厚古薄今的倾向。关于美国自由主义秩序的神话充斥着诸多混杂着事实的虚假成分。正如亨利·基辛格所指出的那样，真正意义上的全球性世界秩序从来就没有存在过。[①] 美国自由主义秩序的局限是它只集中在美洲和西欧的一批志同道合的国家；而这一秩序对非成员国也并不总是产生良性影响。由于人口众多的中国、印度以及苏联集团并非其成员国，美国的"世界"秩序所涵盖的范围还不到全球的一半。在军事领域，由于苏联的制衡，美国并未称霸全球。经济上，美国领导创建了自由主义的布雷顿森林体系，以及治理世界经济的规则和惯例。不过，准确地说，在经济领域美国也只能被称为"半个霸权"（half‐hegemony）。另外，还有诸多关于美国享有多么强大管控权力的神话。事实上，即使处于其权力巅峰之际，美国也没有能力防止许多事情的发生，这包括 1949 年"失去中国"，1956 年苏联入侵匈牙利，古巴卡斯特罗政权

---

① Henry Kissinger, *World Order*（New York：Penguin Press，2014），2.

的创建和存续，以及 20 世纪 60 年代在越南遭受失败。现在一些分析者宣称，我们正在进入一个后美国的世界。但确实，过去的所谓霸权从来就不像我们神话里所描述的那般无所不能。

起　源

美国是如何走到今天这一步的呢？在 19 世纪，遵从乔治·华盛顿（George Washington）避免结盟的忠告和专注于西半球的门罗主义传统，美国在全球均势中发挥着微弱的作用。美国参加第一次世界大战是一个很大的变化，当时伍德罗·威尔逊（Woodrow Wilson）决定与传统决裂并将两百万美军送至欧洲战场。此外，他提出了建立国际联盟（League of Nations）的主张，以在全球范围内构建集体安全。当参议院拒绝美国成为国际联盟的成员国后，美国军队返回国内，美国又"回归了常态"。尽管美国在 20 世纪 30 年代是全球均势中的重要因素，它却变成了极端的孤立主义者。即便是富兰克林·罗斯福（Franklin Roosevelt）的雄辩也无法劝服美国人去直面希特勒（Adolf Hitler）的威胁。美国成了世界上最强大的国家，但是却不愿意承担提供全球公共产品的领导责任。因此，20 世纪 30 年代并不存在美国领导的自由主义秩序，其结果是经济衰退、种族屠杀和世界大战。

哈里·杜鲁门（Harry Truman）在战后的一系列决定成为转折点，开启了美国成为全球均势核心的 70 年，永久性同盟因此建立，美国在海外的军事存在得以维持。1947 年，当英国因国力虚弱而无法支持希腊和土耳其时，美国接替了英国。美国还在 1948 年向马歇尔计划投入巨资，1949 年创建北大西洋公约组织，1950 年领导一支联合国的联军在朝鲜作战，1960 年与日本签订新的安保条约。所有这些行动都是美国遏制苏联权力战略的组成部分。正如乔治·凯南（George Kennan）（和其他人）看到的战后世界，当时有五个主要的工业生产与力量区域，即美国、苏联、英国、欧洲和日本。孤立苏联，与另外三个地区结盟符合美国的利益，而且直到今天，美国在欧洲、日本、韩国还有其他地方一直保持着军事存在。

围绕着对越南、伊拉克等发展中国家的干预，美国国内曾经发生了激烈的争论和党派分歧，尽管如此，保持联盟体系和维持多边制度始终是70年来美国外交政策的根本性共识。在2016年的总统大选中，一位政党总统候选人首次对这一共识提出了质疑，这意味着美国外交政策的彻底改变。虽然历任总统和国防部长经常抱怨联盟的防务开支水平，他们还是认为最好将联盟视为如婚姻般稳定的承诺，而不是双方都竭力讨价还价的房地产交易。尽管美国领导人抱怨有人"搭便车"，但在唐纳德·特朗普之前，尚无人质疑这个联盟体系的结构。这种情况还会持续下去吗？

新兴大国与全球公共产品

在秩序良好的国内政体中，政府负责生产公共产品，如治安或者整洁的环境。所有人都可以从政府提供的公共产品中获益，没有人会被排除在外。由于缺乏国际政府，最强大国家领导的联盟负责提供全球公共产品，如清洁的空气、金融稳定、公海自由。小国不可能被征税，亦没有动机为公共产品付费，因为小国贡献多少对于他们所获的收益并无影响，所以"搭便车"对他们而言顺理成章。而这个最强大的国家继续为提供公共产品做贡献亦是符合其自身利益的，因为在它看来，不管是否有"搭便车者"，维持体系远比完全抛弃体系更有价值。因此，对这个大国来说，领导世界秩序是理性的行为，不然就会产生全球公共产品供应不足的问题。第一次世界大战后，英国因国力衰微而无法承担领导责任，而美国也没有挺身而出接过英国手中主导大国的接力棒，结果出现了对世界灾难性的后果。

同此道理，一些观察者担心，中国即将超越美国成为世界头号大国，但是并不会对其未参与创建的国际秩序做出贡献。这种说法夸大了"非创始者"的问题，我将其称为"金德尔伯格陷阱"（Kindleberger Trap）。

金德尔伯格是美国麻省理工学院的经济学家，他将 20 世纪 30 年代的大萧条归因于美国的"搭便车"行为。[①] 中国从 1945 年之后的国际秩序中持续获益，但是它会在公共产品的生产上与其他国家合作吗？在联合国安理会中，中国是拥有否决权的五大国之一。目前，中国是联合国维和行动第二大出资国，还参与了联合国有关埃博拉疫情和气候变化的项目。中国从自由主义的经济制度中，如世界贸易组织（中国在此接受于己不利的贸易争端裁决）和国际货币基金组织亦获益颇丰。中国在国际货币基金组织中的投票权有所增加，目前还担任着重要的副总裁职位。2015 年，中国创立了亚洲基础设施投资银行（AIIB），一些人将其视为世界银行的替代品，但是这个新机构遵循了既有国际规则，并与世界银行进行合作。同样也是在 2015 年，中国与美国一道为网络冲突制定新的规范，并联手应对气候变化。中国在 2016 年拒绝海牙国际海洋法仲裁庭的裁定，[②] 导致了一些棘手的问题，但这类行为并不意味着自由主义国际秩序的崩溃。美国有时候同样对法律义务采取选择性立场，比如美国 20 世纪 80 年代对尼加拉瓜港口的布雷。总体而言，中国的行为并非试图完全抛弃自由主义世界秩序，而是致力于在从中获益的同时扩大自己的影响力。[③]

更为重要的是，与现有普遍的看法相反，中国的崛起并不意味着美国的自由主义秩序的终结，因为中国尚未准备好取代美国成为世界头号大国。按汇率折算，中国经济规模为 11 万亿美元，而美国为 20 万亿美元。[④]

---

① Charles Kindleberger, *The World in Depression*, 1929 – 1939（Berkeley：University of California Press, 1973）.

② 译者注：联合国、海牙国际法院和位于汉堡的国际海洋法法庭（ITOSL）均声明与该仲裁庭无关。

③ Ceri Parker, "China's Xi Jinping defends globalization from the Davos stage," *World Economic Forum*, January 27, 2017, https：//www. weforum. org/agenda/2017/01/chinas – xi – jinping – defends – globalization – from – the – davos – stage/; "Statement by Wang Yi," filmed February 17, 2017, Munich Security Conference, 23：41, https：//www. securityconference. de/en/media – library/munich – security – conference – 2017/video/statement – by – wang – yi/filter/video/.

④ "World CDP Ranking 2016," Knoema, April 10, 2017, https：//knoema. com/nwnfkne/world – gdp – ranking – 2016 – data – and – charts – forecast ranks China first if purchasing power parity is used.

一些人预测，中国将超越美国成为全球最大经济体（按美元计算），但是预计实现的年份却因对中国经济增长速度放缓的测算不同而从 2030 年跨越到 2050 年。不过，即使未来中国在经济总量上超越了美国，那也不是地缘政治价值的唯一体现。

权力是影响他人以获得自己所需的能力，它包括三个方面：强制力（coercion）、经济偿付力（payment）和基于吸引力的软权力。经济力量只是构成地缘政治方程式的一个部分，而且即便是在经济实力上，中国在人均收入方面（衡量经济复杂性的一个指标）还远远落后于美国。除此之外，中国在军事实力和软权力方面仍落后于美国。美国的军费开支是中国的四倍。虽然近些年来中国的军事实力有所增强，但在审慎观察军力平衡状况的分析界人士看来，中国无力把美国赶出西太平洋，更遑论在军事上称霸全球了。至于软权力，根据伦敦的波特兰咨询公司近期发布的指数，中国位列第 28 名，而美国居于首位。[①]

再者，美国也不会停滞不前。美国人一向居安思危，尽管存在着各种各样的问题，美国并没有走向绝对衰落。美国是唯一一个在人口规模上稳居其位（世界第三名）的发达国家，既不会经历人口萎缩也不会被其他国家超越现有排名。相反，中国很快就会把人口第一大国的位子让给印度。美国对进口能源的依赖度已经下降，而中国的这种依赖正在加深。美国在发展关键技术（生物、纳米、信息）方面仍旧处于领先地位，这些技术对于本世纪经济的增长至关重要。美国的大学在高等教育中享有压倒性优势地位。在上海交通大学的一份排名中，全球 20 所顶尖大学里有 15 所美国大学，而中国一所也没有。

当然，美国的自由主义世界秩序并不会像 20 世纪时那样延续。随着中国、印度和其他经济体的崛起，美国占据世界经济的份额将少于其在 20 世纪中期的份额，其他国家崛起所带来的复杂性使得组织共同行动更

---

① Portland Consultancy, *The Soft Power* 30: *A Global Ranking of Soft Power* (London: Portland Consultancy, 2016).

加困难。但是，没有任何其他国家（包括中国）将会取代美国：欧洲缺乏统一；金砖国家并非一个实体；俄罗斯正在经历人口的减少；印度和巴西（均为 2 万亿美元规模的经济体）仍旧是发展中国家；中俄之间充满了根深蒂固的不信任，算不上是真正意义上的盟友；亚洲经济的快速增长促使权力转移至该区域，但是在亚洲内部，日本、印度和澳大利亚制衡着中国，美国对于亚洲均势的作用依然至关重要。

非国家行为体、新封建主义和熵

更有意思的关于未来问题来自权力从政府向政府外的扩散。国家间的权力转移在世界政治中屡见不鲜，但是权力从国家到非国家行为体的转移却带来了新的和不为人熟知的复杂情况。当下的信息革命将一系列跨国问题，如金融稳定性、气候变化、恐怖主义、流行病疫情和网络安全列入全球议程，与此同时，信息革命也势必会削弱所有政府的响应能力。超越国境、处于政府管控范围之外的跨国领域包括了形形色色的行为体，如以电子方式转移资金的银行家，运送武器的恐怖分子，威胁网络安全的黑客，还有流行性疾病和气候变化这样的威胁。

事情的复杂性与日俱增。关于未来世界的一种模式是大国冲突或大国合作，而第二种模式涉及所谓"信息熵"（information entropy），在那个世界中，对"谁是下一个"这一问题的回答是"没有下一个"。这个回答过于简单，却也指出了一个重要趋势，那就是美国的自由主义秩序并未走到尽头，不过它将会被改变。

世界政治将不再是各国政府的专有领域。个人和私营组织，从维基解密（Wikileaks）到商业公司、非政府组织、恐怖分子、自发的社会运动等等，都获得授权在世界政治中直接发挥作用。信息的传播意味着权力将得到更加广泛的分配，非正式的网络型组织（networks）将削弱传统官僚体制的垄断。信息在互联网上的快速传播意味着所有政府都减弱了对自己议程控制的能力。各国政府刚刚开始为网络空间制定规范的工作，互联网名称与数字地址分配机构（ICANN）更看重多元利益攸关方的治理模式。① 在网络世界中，政治领导人享有的自由变少了，因为在此之前他们必须对重大事件做出回应，而且他们不仅必须与其他政府沟通，还要与公民社会进行对话。

政府和大国将拥有更多的资源，但是它们活动的舞台将更为拥挤：台上还有获得信息赋权的私营行为体，包括跨国公司、恐怖分子、暴徒、罪犯及个人。我们才刚刚开始理解本世纪的信息革命对权力的影响。有一点很清楚，国际体系日益增加的复杂性使得政府的管控变得愈发艰难。把当代世界政治视为"熵的时代"（age of entropy）或者无力做有用功都是过于简单化的做法。正如莫伊塞斯·纳伊姆（Moises Naim）所言，政府的真空造就了"可怕的简化者"——蛊惑人心的左翼和右翼民粹主义者进一步加剧了治理的瘫痪无力，却没有提供真正的解决方案。② 仅用 140 个英文字符很难制定政策。③

在信息革命和全球化的影响下，世界政治正在经历这样的变化：即便美国仍旧是最为强大的国家，它也无法单独行动实现其诸多的国际目标。比如，国际金融稳定对于美国的繁荣来说极为关键，而美国需要与其他行为体进行合作来确保这一稳定的实现。气候变化和海平面的上升将影响全球公民的生活质量，但是美国不能独自解决这一问题。在一个国境线可以无所不入（从毒品到传染病再到恐怖主义）的世界上，各国必须运用软权力来发展网络型组织和创建新制度，以便应对共同的威胁和挑战。

最强大的国家能够发挥领导力，组织全球公共产品的生产。在军事和经济方面，美国依靠自己的领导力能够提供大部分公共产品。比

---

① 译者注：互联网名称与数字地址分配机构（ICANN）是一家总部位于美国洛杉矶市的非营利性专业组织，负责在全球范围内对互联网唯一标识符系统及其安全稳定的运营进行协调。其官方网站是：www.icann.org。

② Moises Naim, *The End of Power* (New York：Basic Books, 2013), 52.

③ 译者注：推特（Twitter）上对发文长度的限定为 140 个英文字符。

如，美国的海军在维护海洋法和航行自由方面是至关重要的；在
2008~2009 年的金融危机中，美联储通过充当最后贷款人，为市场
提供了信心。

在新的跨国问题上，美国的领导力仍将十分重要，但要取得成功则需
其他各方的合作。从这个意义上说，权力变成了一种正和博弈（positive
sum game）。如果美国的自由主义秩序要维系下去，就不能仅考虑美国权
力对其他国家的优势，还必须考虑权力如何与其他国家合作以实现共同目
标。在诸多国际问题上，赋予他国权力能够帮助美国实现自己的目标。如
果中国改善其能源效率并排放更少的二氧化碳，美国将从中受益。在这个
世界上，网络型组织和联系性将成为相对权力的一个重要来源。在复杂性
日益增加的世界中，拥有最强联系性的国家将是最为强大的。值得庆幸的
是，在澳大利亚洛伊国际政策研究所对于各国使馆、领事馆和使团数量的
排行榜中，美国名列榜首。华盛顿拥有约 60 个缔约盟国，而中国几乎没
有这样的盟国。

美国的开放性提升了其创建网络型组织、维持制度和保持联盟的能
力。但是，美国的国内政治是否可以持续支持这种开放性及与他国接触
的意愿？还是说，我们将看到一个类似于 20 世纪 30 年代状态的 21 世
纪？或许，对美国自由主义秩序未来的主要威胁是源于其内部而非来自
外部。

源于内部的威胁

即使美国继续拥有比其他任何国家都多的军事、经济和软权力资源，
它也可能选择不把这些资源转换成全球性的有效权力行为。如前所述，在
两次世界大战之间，美国就是这么做的。

2016 年的总统选举充斥着两党对于全球化和贸易协定的民粹主义反
应。民粹主义通常意味着对精英们（包括在过去 70 年里支持自由主义国
际秩序的那些机构和评论员）的抵抗。民粹主义并不是新鲜事儿，对于

美国人来说它就像是南瓜馅饼那样普通。有些民粹主义者的行为对民主有益，如安德鲁·杰克逊（Andrew Jackson）和威廉·詹宁斯·布赖恩（William Jennings Bryant）的所作所为；① 而另外一些民粹主义者，如19世纪反移民的无知党（Know‐Nothing Party），或者更近期一点的还有参议员乔·麦卡锡（Joe McCarthy）和州长乔治·华莱士（George Wallace），他们更多地强调仇外和与外界的隔离。② 特朗普现象更多地可归为第二类民粹主义。

民粹主义的反应有其经济与文化的根源。民调显示，那些由于国际竞争而失去工作机会的选区民众倾向于支持特朗普，这样做的还有一些群体，如在文化战争（涉及种族、性别和性取向价值观的变化）中丧失社会地位的中老年白人男性。即使没有经济全球化，文化和人口方面的变化也将会造成某种程度的民粹主义。特朗普之后，特朗普主义（Trumpism）也很可能会延续下去，因为机器人导致的失业和贸易造成的失业数不相上下，而且文化上的变革还在持续。

一些观察家认为，2016年的美国大选标志着贸易和投资快速增长时期的终结。他们把当前的局面与1914年的世界相提并论。在那时，一个世纪的快速全球化使许多人致富，但同时也加剧了不平等，这导致共产主义、法西斯主义和民族主义的兴起，最终令世界陷入了大战的泥潭。但是1914年时几乎没有社会安全的网络。对于那些支持全球化和开放经济政策的精英来说，历史的教训是：人们希望看到他们不仅能够做出调整，帮助那些被变化打乱生活常态的人群，而且更多地关注经济上的不平等问题。包括基础设施投资在内的刺激经济增长的政策同样很重要。人们对待

---

① 译者注：安德鲁·杰克逊（Andrew Jackson），1767～1845，美国政治家，第七任美国总统（任期1829～1837）；威廉·詹宁斯·布赖恩（William Jennings Bryant），1860～1925，美国律师、政治家，曾三度竞选美国总统未成。

② 译者注：乔·麦卡锡（Joseph Raymond McCarthy），1908～1957，美国政治家，1947～1957代表威斯康星州任美国国会参议员；乔治·华莱士（George Corley Wallace），1919～1998，美国政治家，三度出任阿拉巴马州长，公开鼓吹种族隔离政策，1964～1976年间曾四次参加竞选美国总统。

移民的态度随着经济状况的改善而改善。据皮尤研究中心调查，2015 年 51% 的美国成年人认为移民使美国更加强大，而 41% 的被调查者把移民视为负担。对比之下，在 21 世纪第一个十年的中期，39% 的美国成年人认为移民使美国更加强大，50% 的被调查者视移民为负担。那时，经济大衰退（Great Recession）所带来的影响仍未消退。①

与此同时，从 2016 年大选激烈的辩论中解读美国民意的长远趋势也是错误的。特朗普从选举中胜出，但他并没有赢得多数选票。尽管《跨太平洋经济伙伴关系协定》（TPP）和《跨大西洋贸易与投资伙伴协议》（TTIP）这样精心设计的贸易协定前景堪忧，但是不同于 20 世纪 30 年代（抑或 20 世纪 80 年代），当今的世界并没有全面转向贸易保护主义。一些分析家认为技术将造成去全球化，不过近期布鲁金斯学会的一项长期趋势研究却得出了相反的结论。有些经济学家，如马丁·费尔德斯坦（Martin Feldstein）认为，官方数据未能捕捉到技术的进步，并且夸大了表面上的经济停滞。② 事实上，美国经济对国际贸易的依存度正日益增加。根据世界银行的数据，从 1995 年到 2015 年，货物贸易占美国国内生产总值（GDP）的比重上升了 4.8 个百分点。2014 年美国出口了价值 4000 亿美元的信息与通信技术服务，这占美国服务贸易出口的近一半。2016 年 9 月芝加哥全球事务委员会的民调发现，65% 的美国人声称尽管担忧失业，但全球化对美国来说多半还是一件好事。③ 因此，"孤立主义" 的标签并

---

① "Chapter 4: U. S. Public Has Mixed Views of Immigrants and Immigration," *Pew Research Center*, September 28, 2015, http://www.pewhispanic.org/2015/09/28/chapter – 4 – u – s – public – has – mixed – views – of – immigrants – and – immigration/; "Most Say Illegal Immigrants Should Be Allowed to Stay, But Citizenship is More Divisive," *Pew Research Center*, March 28, 2013, http://www.people – press.org/2013/03/28/most – say – illegal – immigrants – should – be – allowed – to – stay – but – citizenship – is – more – divisive/.

② Martin Feldstein, "The U. S. Underestimates Growth," *Wall Street Journal*, May 19, 2015, https://www.wsj.com/articles/the – u – s – underestimates – growth – 1431989720.

③ Dina Smeltz, Craig Kafura and Lily Wojtowicz, "Actually, Americans Like Free Trade," *The Chicago Council on Global Affairs*, September 7, 2016, https://www.thechicagocouncil.org/publication/actually – americans – free – trade#tablist1 – tab1.

不能准确反映当前美国人民的态度。

有些美国人担心美国能否负担得起维持自由主义经济秩序的花费，这种担心没什么根据。目前美国的国防和外交事务支出约占国内生产总值的3.5%，尚不及冷战高峰时期所占比重的一半，所以维持联盟其实并没有那么昂贵。现在的问题并不在于大炮还是黄油，而是大炮、黄油和税收的关系。除非在增加税收的意愿推动下扩充预算，否则美国的国防开支就会受困于同重要投资的零和博弈中，这些投资包括改善国内教育、修复基础设施和研发投入。这样的局面会使国防和国内的改革都受到损害。目前，美国仍是所有主要发达经济体中税赋最轻的国家之一，2012 年，经济合作与发展组织（OECD）平均的所得税税率比美国高 10 个百分点。

维持自由主义秩序面对的第二个国内挑战是干涉问题。美国应该怎样、以何种方式介入他国的内部事务？这并不是一个新问题。差不多两个世纪前，美国第六任总统约翰·昆西·亚当斯（John Quincy Adams）反对国内要求干预希腊独立战争的呼声，他宣称美国不应该到海外去寻找怪兽（monster）并加以摧毁。但是，在跨国恐怖主义和跨国难民危机发生的时代，某种程度的干预是不可避免的——人们已经看到叙利亚内战如何像幽灵一般困扰着奥巴马政府。中东地区很可能经历数十年的政治和宗教革命，类似于德国在 17 世纪经历的三十年战争。这些危机将诱使外界干预，但美国需要置身于军事入侵和占领行动之外。在民族主义盛行和民众动员高度社会化的今天，外国的占领必然引发怨恨情绪。同时，为追求最高目标而做过度的承诺比适当收缩更能破坏美国国内的共识，而这种共识对支持一个温和的自由主义世界秩序必不可少。对伍德罗·威尔逊全球理想主义的政治反应就是强烈的孤立主义，这拖延了美国对希特勒的反击。肯尼迪（John Kennedy）和约翰逊（Lyndon Johnson）升级越战的做法导致美国在 20 世纪 70 年代把注意力转向国内，小布什（George W. Bush）2003 年入侵伊拉克的做法造成了同样的后果。

维持自由主义国际秩序要解决的第三个问题是美国国内政治的分裂，以及在外交政策议题上使用煽动性策略的倾向。未来特朗普主义

（Trumpism）也许不会随特朗普而去。煽动性的策略制约了美国支持制度建设、创立网络型组织和为应对新的跨国性议题制定政策的能力，减少了美国作为网络型组织的资产，也削弱了美国的软实力。国内政治僵局经常阻碍美国发挥其国际领导力。比如，美国参议院未能批准《联合国海洋法公约》，尽管美国需要利用这一公约来促进南中国海的航行自由。类似的例子还有，国会曾连续五年未能批准政府的一项承诺，支持国际货币基金组织重新分配欧洲和中国的投票份额，尽管这项改革对美国来说几乎没有任何损失。国会还通过了违背主权豁免这一国际法原则的国内法案，而主权豁免原则能够保护海外美国人的利益。在领导气候变化问题上，国内存在着对碳排放定价的强烈抵触。这样一些态度削弱了美国处理全球公共产品问题时发挥领导作用的能力。

结　论

美国在未来几十年内仍将是世界头号军事大国，而在全球政治中军事力量仍将是权力的重要组成部分。正如史蒂文·布鲁克斯（Steven Brooks）和威廉·沃尔福斯（William Wohlforth）最近出版的新书《美国在21世纪的角色》中所论述的那样，"国家之间能力分布情况的转移并不像人们普遍认为的那么多或者那么快"。[①] 但是他们也指出，学术界关于美国应当如何运用其权力的看法已经发生了明显的变化。一种新的、声望日隆的大战略方针——它也被称之为离岸平衡（offshore balancing）、收缩、脱离接触或克制——反映了冷战之后美国公众意见的转变。甚至在2017年特朗普政府就职之前，一些学者就在质疑1945年之后的世界秩序。冷战后人道主义干涉的困境在克林顿政府、小布什政府和奥巴马政府期间以截然不同的方式表现了出来。

---

① Stephen Brooks and William Wohlforth, *America Abroad：The United States' Global Role in the 21ˢᵗ Century*（Oxford：Oxford University Press, 2016）：ix.

　　与此同时，正在崛起的中国和正在衰落的俄罗斯使它们的邻国感到恐慌，美国对亚洲和欧洲的安全保障确保了自由主义制度的繁荣和稳定。同时，军事力量并非万能利器，试图去占领中东革命中民族主义高涨的国家、控制它们的国内政治，是注定要失败的做法，其结果适得其反。在诸如气候变化、金融稳定、互联网治理规范等许多跨国性议题上，军事力量解决不了任何问题。美国应通过维持网络型组织，与国际机构合作，为网络空间和气候变化等新领域创建规范来创造软权力，以补充美国的硬实力资源。然而，这种软权力恰恰受到特朗普单边主义政策的挑战。目前特朗普政府执政伊始，大选中关于（美国的）联盟瓦解的论断不大可能成为现实。美国的高官已经安抚了欧洲和日本，而且军力平衡可能比此前竞选中论及的更加稳固。但是在国际经济体系或者全球公域（global commons）的治理方面，如气候变化问题上，情况却不尽相同。"自由主义的国际秩序"这个概念，无论是在直接还是间接的意义上，都包括政治—军事事务、经济关系、生态关系，以及对自由主义价值观的推广。这几个方面在多大程度上相互依赖，如果1945年建立的秩序被打破将会带来什么样的结果，这些还有待于观察。有些方面可能会继续保留，而另一些方面则可能消失。

　　总而言之，领导力并不等于支配地位。在美国的自由主义制度存续的70年中，美国总是既有一定程度的领导力，也有一定程度的影响力。今天，美国的优势有些不如当年，而世界则变得更加复杂，至关重要的事情仍将是美国与他国合作来提供全球公共产品。然而，与中国崛起构成的威胁相比，对这种领导作用的更大威胁可能来自美国国内的民粹主义政治。

（崔志楠译，李巍、徐彤武校）

U. S. Leadership and the Future of Global Liberal Order

Joseph Nye

Abstract：Since World War II, theUnited States has been given unprecedented power in global politics. However, some analysts believe the liberal order led by the US is coming to an end. At present, there are two major power shifts in world politics. Firstly, power shifts happened from western countries to eastern countries. Secondly, there is the diffusion of power from state to non − state actors, which is mainly due to the rapid transformation of information technology represented by the rise of the Internet. All these challenge the liberal order sustained by American power. Nevertheless, a bigger threat posed to US leadership comes from populist politics within the US rather than China. Today, America's advantages are fading, and the world is more complex.

Keywords：U. S. leadership; global liberal order; China's rise

中国与自由主义国际秩序的危机[*]

〔加〕 阿米塔夫·阿查亚（Amitav Acharya） ◎

【内容提要】 尽管许多自由主义秩序的拥护者迟迟不愿意承认，国际秩序的危机和衰落却早有先兆。自由主义霸权之后出现的世界秩序既非单极也非多极，而是一个复合世界。就中国而言，自由主义秩序的危机及复合世界的出现为中国提供了一个在国际事务中提高自身领导力的机会，也促使中国在重塑全球和地区治理中发挥更加积极的作用。此外，自由主义秩序的衰落为中国提供了深化与新兴国家和发展中国家关系的机会，它们正寄希望于减少对西方的依赖。虽然存在机遇，当前世界政治中存在不确定性和复杂性也给中国带来了新的风险和挑战。

【关 键 词】 中国 自由主义国际秩序 自由主义霸权 复合世界

【作者简介】 阿米塔夫·阿查亚，美利坚大学（American University, Washington, D.C.,）国际事务学院国际关系学杰出教授（Distinguished Professor）。

　　唐纳德·特朗普只是美国领导的现行国际秩序发生危机的结果，而不是导致危机的原因。国际秩序的危机和衰落已早有先兆，虽然许多自由主义国际秩序的拥趸迟迟不愿意承认。在 2014 年出版的《美国世界秩序的

---

　　* 本文转自王缉思主编《中国国际战略评论 2017》，世界知识出版社，2017。

《全球秩序》2018 年第 1 期（总第 1 期），第 79 ~ 89 页。

终结》一书中，我已经指出由美国主导的世界秩序——常被冠名为自由主义的世界秩序或自由主义的霸权秩序——正在走向终结。[1] 这与美国自身是否衰落并无多大关联。有关美国是否衰落的争论尚未平息，但是人们对美国创建的世界秩序走向衰落的观点却较少怀疑。

一个相关的论点是，自由主义的世界秩序从来都不是真正意义上的全球秩序。美国领导的自由主义秩序的全球性在大部分时间里只是一个"神话"，因为苏联集团、中国、印度以及第三世界国家并未被囊括其中。自由主义的世界秩序应该被视为"第二次世界大战之后的国际秩序，而非世界秩序"。我亦对这一秩序为善的作用（benevolent role）提出了质疑。[2] 唐纳德·特朗普赢得大选后不久，自由主义世界秩序的坚定拥护者约瑟夫·奈在《外交事务》上发表的文章呼应了我的看法。他写道："自由主义秩序在很大程度上局限于一群大西洋沿岸志同道合的国家，它并不包括许多大国，比如中国、印度、还有苏联集团国家……而且这一秩序对非成员国来说并不总是具有良性的影响（benign effects）。"[3]

在我看来，自由主义霸权之后出现的世界秩序既非单极也非多极，而是一个复合世界（Multiplex World）。[4] 尽管常见权威人士们讨论世界正在回归多极，当今世界已非常不同于多极世界，特别是第二次世界大战之前欧洲的那种多极世界。首先，国际政治的主要参与者不再只是大国或者新兴国家，还包括国际机构、非国家行为体、地区性大国和组织，以及跨国

---

① Amitav Acharya, *The End of American World Order* (Cambridge: Polity, 2014). 另参见 Amitav Acharya, "American Primacy in a Multiplex World," *The National Interest*, September 27, 2016, http://nationalinterest.org/feature/american-primacy-multiplex-world-17841? page=show; Mercy A. Kuo, "The End of American World Order: Insights from Amitav Acharya," *The Diplomat*, November 10, 2016, http://thediplomat.com/2016/11/the-end-of-american-world-order/.

② Acharya, *The End of American World Order*, p. 37, 39.

③ Joseph S. Nye, "Will the Liberal Order Survive? The History of an Idea," *Foreign Affairs*, Vol. 96, No. 1 (January/February,) 2017.

④ 这一观点最近获得《外交事务》上一篇论文响应，该文认为应以一种"混合秩序"应对"多元世界"。参见 Michael J. Mazarr, "The Once and Future Order: What Comes After Hegemony?" "Out of Order? The Future of the International System," *Foreign Affairs*, Vol. 96, No. 1 (January/February,) 2017, https://www.foreignaffairs.com/issues/2017/96/1.

公司。战前欧洲各国的相互依赖仅靠贸易基础维系，而且这种关系还被王朝间的争吵、权力政治的制衡和对海外殖民地的血腥争夺所破坏。而今天，将世界大国紧密联系在一起的相互依赖关系有了更加宽泛和复杂的形式，它不仅包括贸易、金融和生产网络，还包括面对如恐怖主义、气候变化等跨国挑战时的脆弱性。

在复合世界中，如同在一个多厅影院（multiplex cinema），存在着各种各样的演员、剧本、制片人，观众们有了更多的选择。复合世界是去中心化（decentered）的；或者说在后霸权的世界中，多元的关键行为体由复杂的相互依赖关系紧密联系在一起。复合世界的关键特征包括以下几个方面：第一，尽管国家权力间的不平衡和等级制度仍旧存在（因此，由理查德·哈斯（Richard Haass）创造的"无极"（nonpolar）的概念，还有托马斯·弗里德曼（Thomas Friedman）"世界是平的"的说法，都具有误导性），复合世界中却不存在一个单一、可支配一切的全球霸权（例如到目前为止的美国，或者从19世纪后期到第一次世界大战时的英国）。第二，不同于在多极体系中主要的行为体仅是大国，复合世界中的行为体还包括国际和地区组织、非国家团体、公司和民间网络。第三，尽管发生了全球化，复合世界中仍持续存在文化、意识形态和政治上的多样性。第四，日益加深的全球和区域层面的相互依存不仅涉及贸易方面，同样还包括经济上和生态上的关联性。第五，多重层次的治理——全球、区域、本土层面——包括正式的制度、网络以及混合结构。安全挑战越发呈现出跨国性，因此需要跨国的手段去应对。

复合世界既不意味着中国、印度等新兴大国可以简单地被现行的自由主义霸权秩序所接纳，也不代表这些新兴大国可以自行领导世界。共享领导权是全球治理的关键。复合世界并不意味着回归到19世纪欧洲的区域性集团，而是以能够支持世界秩序的、开放和互动的地区主义为主要特征。复合世界并不必然是"零集团"（G - zero）或者充满混乱的世界。尽管无法免于冲突，复合世界却仍可通过"G +"（G - plus）的路径维持稳定，即：除了传统和新兴大国外，还有公民社会、区域行为体和地方行为体的参与，以及全球性规则和机构的日益公平、透明与负责。

尽管特朗普承诺"让美国再次伟大"，但是他不可能扭转美国领导的自由主义国际秩序走向衰落的颓势。相反，如果特朗普竞选时提出的有关贸易、联盟和移民的纲领和宣言转化为最终政策，则将加速自由主义霸权秩序的瓦解，并引领复合世界的到来。事实上，特朗普是美国领导的自由主义秩序发生危机和走向衰落的结果，并不是导致危机和衰落的原因。而这一秩序的危机和衰落已经持续了一段时间了。①

例如，支撑自由主义秩序的一个重要因素——全球贸易增长的速度已经持续放缓。自 2010 年起，全球贸易维持在 2% 的年增长速度，而贸易总额与国内生产总值的比值在持续下降。② 需要记住的是，贸易增长的放缓与美国并无关系，而是与中国经济的减速直接相关。中国现已无法实现超过 10% 的经济增速。特朗普的政策亦可能导致全球贸易增长的放缓，但它绝不是主要原因。

自由主义国际秩序的另一个关键基石——由美国创建和维持的战后多边体系——已经分崩离析。③ 以联合国为基础的大的多边机构，如国际货币基金组织、世界银行、世界贸易组织，以及专业机构如世界卫生组织，不再是国际治理中唯一的平台。当前，区域性和多边的协定、私人倡议及各种各样形式的伙伴关系激增，它们将政府、私营部门和公民社会的行动方囊括在内，涉及安全、气候变化、人权领域。许多协定、倡议和伙伴关系既非美国领导下的产物，也不服从于美国的意图。

支撑自由主义国际秩序的第三个要素是被称为"第四波"的全球民

---

① Amitav Acharya, "Donald Trump as President: Does it Mark a Rise of Illiberal Globalism?" *YaleGlobal*, January 22, 2017, http: //yaleglobal. yale. edu/content/donald – trump – president – does – it – mark – rise – illiberal – globalism.

② Barry Eichengreen, "Globalization's Last Gasp," *Project Syndicate*, November 17, 2016, https: //www. project – syndicate. org/commentary/growth – before – globalization – by – barry – eichengreen – 2016 – 11? barrier = accessreg.

③ 这种状况在以下专著中有生动的描述: Amitav Acharya, ed. , *Why Govern? Rethinking Demand and Progress in Global Governance* (Cambridge: Cambridge University Press, 2016).

主革命。约翰·米克莱丝维特（John Micklethwait）和阿德里安·伍尔德里奇（Adrian Wooldridge）在 2014 年出版的《第四次革命》中指出，在这一波民主革命的浪潮中，民主国家的数目在冷战后几乎实现了翻倍。不过这一波革命浪潮已在 2000 年达到顶峰。[①] 业已失败的"阿拉伯之春"，以及土耳其和泰国转向威权主义（authoritarianism）证实了这样的走向。

然而直到现在，人们通常认为自由主义国际秩序的主要挑战源于外部，尤其是来自中国领头的新兴大国。具有讽刺意味的是，新兴大国并未扮演好挑战者的角色。相反，自由主义国际秩序正在经历内部瓦解（implode）。特朗普的当选及英国"脱欧"预示着自由主义国际秩序的主要挑战亦源于内部，特别是源于对全球化影响的失望。

这一点明显地反映在 2016 年美国总统大选的投票中。那些原本被认为是克林顿的铁杆票仓，如威斯康星州（自 1984 年以来，该州从未投票给共和党总统候选人）、宾夕法尼亚州和密歇根州（自 1988 年来，这两个州从未投票给共和党总统候选人），以及俄亥俄州和北卡罗来纳州，最终都将选票投给了特朗普，其背后的原因正是出于对支撑自由主义国际秩序的经济全球化的不满情绪。[②]

特朗普团队已经对传统的、以联合国为基础的多边机构表现出厌烦的态度，并声称将更加重视双边协议，因为与多边主义安排相比，双边协议基于更加严格和直接的互惠。在特朗普的任期内，已经陷入实际瘫痪状态的世界贸易组织可能遭受尤其严重的打击。关键的问题是，特朗普是否会采取首届小布什政府的单边主义，那种做法曾在全球引发了一波反美情绪的浪潮。不过小布什政府从其早期犯下的错误中吸取了教训，反美情绪在奥巴马政府时期得到了扭转。特朗普是否将重蹈小布什的覆辙对于多边主义的未来至关重要。

---

① John Micklethwait and Adrian Wooldridge, *The Fourth Revolution: The Global Race to Reinvent the State* (New York: Penguin Press, 2014).

② Edward Alden, "The Biggest Issue That Carried Trump to Victory," *Fortune*, November 10, 2016, http://fortune.com/2016/11/10/trump-voters-free-trade-globalization/.

全球民主转型的放缓削弱了自由主义秩序，关于这一秩序的未来，一个重大问题是：特朗普的胜利是否会鼓舞威权主义在世界各地蔓延。正如许多评论员指出，特朗普的胜利对"反民主"的领导人来说是振奋人心的，这些反民主的领导人不仅存在于西方阵营以外，如俄罗斯的普京、土耳其的埃尔多安（Erdogan）、匈牙利的欧尔班（Orban），还包括西欧极右派运动的领导人，如法国的勒庞（Le Pen）。这股威权主义的浪潮是否会发展成形仍旧有待观察。但毫无疑问的是，特朗普的胜利给民主带来了糟糕的名声。《中国日报》断言，"民主是美国大选中的失败者"，同时，该报对漫长和野蛮的竞选过程中充斥的个人攻击和美式民主的"肮脏面"提出了批评。①

同样显而易见的是，2016年美国大选及特朗普的胜利已经严重侵蚀了美国所称的传播自由主义价值观的领导权，而这一领导权是美国主导地位以及美国领导的自由主义秩序的关键要素。同样受到削弱的还有美国的软实力。美国的软实力一定程度上依赖于美国国内政治和制度的吸引力。人们对特朗普对加州拉丁裔法官的不逊言辞记忆犹新，美国国会众议院议长保罗·莱恩（Paul Ryan）将之描述为"种族主义的典型案例"。同样让人难以忘记的，还有特朗普对墨西哥移民发表的侮辱性言论，以及对"金星家庭"②中的穆斯林士兵父母——他们的儿子在伊拉克汽车炸弹袭击中阵亡的嘲讽和贬斥。难以想象，一个大国的民选领导人竟公然发表如此带有偏见的观点。

中国及新兴大国

在《美国世界秩序的终结》一书中，我指出新兴大国不可能提供另

---

① "Democracy the Loser in US Vote," *China Daily*（USA），November 9，2016，http：//usa. chinadaily. com. cn/opinion/2016 – 11/09/content_ 27317869. htm.

② 译者注：金星家庭（Gold Star family）是美国人民普遍尊敬的一种家庭地位，它表明这个家庭有一名直系亲属在服兵役期间丧生。这种用一颗金星代表阵亡者的做法始于第一次世界大战期间的美军。

一种形式的世界秩序，因为这些新兴大国之间存在着紧张关系，具有不同的利益诉求和愿景规划。但是，如果没有重大的改革来容纳新兴国家的利益和声音，新兴国家也不可能简单地接纳现有的自由主义国际秩序（如一些自由主义者所期望的）。当下，特朗普的当选对自由主义秩序提出的最重要的问题可能是，新兴国家是将维护现行的自由主义秩序还是给予它最后一击？

我对这个问题的回答如下。俄罗斯、中国和印度对自由主义秩序有着不同的利益诉求。普京可能帮了特朗普一把，让他入主白宫，而且显而易见的是，如果特朗普的政策削弱了北约及美国其他联盟并导致美国在全球的重大战略收缩，普京可以明显从中获益。在金砖国家中，俄罗斯最不愿维护现有的自由主义国际秩序。英国"脱欧"的进程正在削弱欧盟，普京在国际事务中大显身手的时刻到来了。

中国远没有这么大兴趣削弱自由主义的国际秩序。一些中国精英人士为特朗普的胜选欢呼。在他们看来，《跨太平洋伙伴关系协定》（TPP）的死亡为其他区域性的协定打开了大门，例如《区域全面经济伙伴关系协定》（RCEP）。但是事情并没有那么简单。《区域全面经济伙伴关系协定》是一个多边倡议，其首要的障碍并非《跨太平洋伙伴关系协定》，而是印度顽固且棘手的谈判姿态，这与特朗普上台与否并无关联。而且，日本也将努力阻挠中国在《区域全面经济伙伴关系协定》中获得任何支配地位。

最近，前印度外交国务秘书及国家安全顾问梅农（Shivshankar Me-non）称印度是一个"反对现状的国家"，印度谋求"改革和修正现行的国际秩序，而不是去推翻它"。

特朗普当选之时，新兴国家自身正陷于巨大的政治和经济困境中，这在一定程度上削弱了新兴国家对现行国际秩序的挑战。金砖五国的平均经济增长速度从 2010 年的 9% 下降到 2015 年的 4%，投资增长幅度从 2010 年的 16% 放缓到 2014 年的 5%。2015 年，高盛关闭了旗下的金砖投资基金，该基金在 2010 年表现曾达到峰值，但至今已缩水 88%。基于这样的背景，新兴国家难以通过一致的行动来抓住自由主义秩序危机所带来的机遇。公认的秩序挑战者可能踟蹰不前，甚至对秩序提供了更大的支持，反而是那些处于秩序核心的国家——美国和英国——在削弱这一秩序。①

中国主导的全球化？

自由主义秩序的危机及复合世界的出现对于中国来说意味着什么呢？首先，它为中国提供了一个在国际事务中提高自身领导力的机会。2017 年 1 月，中国国家领导人习近平在达沃斯论坛上捍卫全球化的发言并不是意料之外的或者不真诚的，它表明了中国是全球化的主要受益者之一。不过，尽管全球化是自由主义秩序的一个关键要素，中国对全球化的捍卫并不必然意味着它将接受由西方主导的当代全球化进程中的方方面面，特别是政治方面的主张。相反，中国和其他新兴国家很可能去探索一条完全不同的全球化路径。

这场全球化可能更多地由东方世界而非西方世界主导，更多地由中国、印度这些新兴国家而非守成大国主导，它将在南南国家之间创建多于南北国家之间的联系。这场全球化将更加尊重国家主权，它将绕过那些传统的多边经济机构，如国际货币基金组织、世界银行和世界贸易组织，更多地通过由新兴国家创建的新机构展开，如亚洲基础设施投资银行和其他新的多边机构等。这些新多边机构并不会取代现行的多边机构，但它们将为自己争取活动空间并竞争全球化的管理权。

数据显示，这场由东方主导、南南联系驱动的全球化已经出现了一段时间。较之南北国家间和发达国家间的贸易量，南南国家间的贸易量一直保持增长，其中商品贸易从 2008 年的不到 8%，增长到 2011 年的超过 26%。② 在投资领域，根据联合国贸易和发展会议提供的数据，南南国家

---

① Amitav Acharya, "The emerging powers can be saviours of the global liberal order," *Financial Times*, January 19, 2017, p. 12, https://www.ft.com/content/f175b378 - dd79 - 11e6 - 86ac - f253db7791c6.

② United Nations Development Program, *Human Development Report* 2013. *The Rise of the South*：*Human Progress in a Diverse World*（New York：United Nations Development Program, 2013）, p. 2.

间的直接投资量占全球投资总量的 1/3 以上。2015 年，来自亚洲的跨国公司首次成为世界上最大的投资群体，几乎占世界总量的 1/3。中国跨国企业对外投资的增速高于外资流入，并在 2015 年创造了 1160 亿美元的新高。①

其次，自由主义秩序的衰落可能也促使中国在重塑全球和地区治理中发挥更加积极的作用。通过积极创建亚洲基础设施投资银行、金砖国家新开发银行和应急储备安排，中国已经在加速发挥这种作用。尽管中国提出的"一带一路"倡议并不是一个多边机制，但它还是具备重塑战后发展重点和融资协定的潜力。中国的倡议表明全球化的未来将更加强调发展而非着重贸易。

再次，自由主义秩序的衰落为中国提供了深化与新兴国家和发展中国家关系的机会，这些国家包括金砖国家及亚洲、非洲、中东和拉丁美洲的区域性大国，它们正寄希望于减少对西方的依赖。

最后，随着《跨太平洋伙伴关系协定》的死亡和奥巴马"亚太再平衡"政策的终结（尽管这一政策可能以不同的形式再次出现），中国将有机会发展新的区域性关系。

虽然存在这些机遇，但是世界政治的现状也给中国带来了新的风险和挑战。当前世界政治中存在着更大的不确定性和复杂性。随着中国经济增速的放缓，全球贸易将难以复苏。此外还有特朗普的威胁：特朗普在竞选时表示，他将在本国和世界贸易组织中对中国采取反制措施，以报复中国不公平的补贴行为。② 无论特朗普政府是否有能力执行这样具有威胁性的政策，这里都需留心中国的报复行为，因为特朗普的言辞对中国造成了不确定，而中国也已受到了全球贸易放缓的影响。

中国能否与其他新兴国家发展更加紧密的关系，依赖于中印关系的改善程度。中印是当今世界上最为重要的两大新兴国家，预计到 2050 年，

---

① http：//unctad. org/en/PublicationsLibrary/wir2015_ en. pdf，pp. 5，8 ~ 9.

② "7 Point Plan To Rebuild the American Economy by Fighting for Free Trade，" https：//www. facebook. com/notes/the - 2016 - committee/donald - j - trumps - vision/1251246731604221/.

两国将成为世界上排名前两位的经济体。不过，虽然中印在全球制度改革和国际秩序转型方面持有诸多共同的关切，但两国在许多关键问题上也存在着争议。比如，印度虽是亚洲基础设施投资银行的第二大股东，但对"一带一路"倡议持怀疑态度，原因是巴基斯坦参与其中。

中国在亚洲同样面临着新的挑战。如果特朗普的政策削弱了美日和美韩同盟的生命力（并非必然之事，虽然特朗普强硬喊话盟友要求更多的责任分担），那么则可能促使日本和韩国发展核武器，而这不可能符合中国的安全利益。尽管《跨太平洋伙伴关系协定》的死亡可能看似为中国提供了领导亚洲地区经济一体化的机会，但这并不意味着中国可以主导一个替代性的区域全面经济伙伴关系协定。这一伙伴关系中的其他大国，如日本和印度，将制衡中国作用的发挥。

还有，特朗普执政期间，中国与东盟的关系并不一定会得到改善。杜特尔特领导下的菲律宾可能已经转向了中国，但基于两军数十年互动所结成的紧密联系及菲律宾军队对美国武器的依赖，美菲同盟仍然十分重要。中国与东盟或者至少与几个重要成员国关系的未来，将取决于能否找到和平的方式解决南海争端。特朗普政府可能不会像其前任奥巴马政府那样紧密拥抱东盟或者坚持以东盟为中心的原则，但这并不意味着东盟国家会在安全、经济和外交方面淡化与美国的紧密关系。

（崔志楠译，李巍、徐彤武校）

China and the Crisis of Liberal Global Order

Amitav Acharya

Abstract: Although some advocates of the liberal order seem to be reluctant to admit this, the crisis and the decline of the international order have long been hinted. The global order emerging after the liberal hegemony is neither unipolar nor multipolar, but a Multiplex one. AsChina is concerned, the crisis of the liberal order and the emergence of the multiplex world offer China a chance to improve her leadership in international affairs and impel China to play a more active role in reshaping the global and regional governance. In addition, the decline of liberal order provides China an opportunity to deepen her relations with both emerging and developing countries. Despite the opportunities, uncertainties and complexities in current world politics have also brought new risks and challenges to China.

Keywords: China; liberal global order; liberal hegemony; multiplex world order

"自由国际秩序"的前路与中国的战略机遇期

达　巍◎

【内容提要】　自由国际秩序"是在现实主义国际秩序基础上建立的具有自由主义特征的国际秩序。当前这一秩序正面临冷战结束以来前所未有的严峻挑战。中国并不接受所谓"自由国际秩序"的提法，但是支持现行国际秩序内具有自由主义特征的制度安排。维持国际秩序的总体稳定，同时确保中国继续有效融入这一秩序，是对我国战略机遇期的最有力保障。

【关 键 词】　自由国际秩序　中国外交　世界秩序

【作者简介】　达巍，国际关系学院教授。

　　美国特朗普政府上任后采取了一系列"退群"举动。2017 年 1 月 23 日，退出"跨太平洋伙伴关系协定"（TPP）；2017 年 6 月 1 日，退出应对气候变化的《巴黎协定》；2017 年 10 月 12 日，退出联合国教科文组织；2017 年 12 月 23 日，退出联合国主导的《移民问题全球契约》制定过程；2018 年 5 月 8 日，退出伊朗核问题全面协议。此外，特朗普政府也曾多次表达对世界贸易组织（WTO）的不满；启动与加拿大、墨西哥重谈北美自由贸易协定；以弱化同盟为威胁，要求北约、日、韩等盟友增

《全球秩序》2008 年第 1 期（总第 1 期），第 90～106 页。

加防务开支。受到这些变化的刺激，各国学术界有关"自由国际秩序"①（liberal international order）正在走向松动乃至瓦解的讨论迅速增加。② 自由国际秩序是否在发生重大变化？如果答案是肯定的，这种变化的程度以及前景怎样？中国面对这种变化应做出何种战略选择？这些是本文试图回答的问题。

一 当前国际秩序：两层建筑

秩序是人类社会不同行为者之间的一种相对稳定的行为模式与关系，一般通过不同行为者之间的行为边界的安排来体现。我们身处某一秩序之下，行为会受到这些安排的约束。处于特定秩序当中的行为者知道什么事情可以做，什么事情不能做；做什么事情会被共同体鼓励，做什么事情会可能会付出不希望付出的代价。秩序安排有时体现为身处秩序当中的各方所共有的观念，有时则是一种更为正式的规则或机制。赫德利·布尔认为，国际秩序是"国际行为的格局或布局，它追求国家社会基本、主要

---

① "自由国际秩序"是西方学术界使用的术语。如本文正文第三部分中将要论述的，中国政府并不认为当今国际秩序是自由国际秩序，中国学术界也不使用"自由国际秩序"指代当今国际秩序。使用这一术语，不意味着本文作者认为当今国际秩序就是自由国际秩序。但是由于本文要讨论的"自由国际秩序"面临的困境，首先是西方学术界语境下的问题，因此需要使用这一西方概念。与此同时，本文作者认为，西方意义上的"自由国际秩序"与中国政府及学术界指称的"现行国际秩序"有相当大的重合性。正面讨论这一秩序，对我们准确理解当前国际秩序有着很强的相关性。

② 例如 Robert Jervis, Francis J. Gavin and Joshua Rovner ed., *Chaos in the Liberal Order: The Trump Presidency and International Politics in the Twenty - First Century*, Columbia University Press, 2018; Niall Ferguson, Fareed Zakaria and Rudyard Griffiths (ed.), *Is This the End of the Liberal International Order? The Munk Debates*, House of Anansi Press, 2017; Diane N. Labrosse (Editor), Gideon Rose, "Introduction," Stewart M. Patrick, "Trump and the World Order: The Return of Self - Help," in *Foreign Affairs Anthology Series*, *What Was Liberal Order? The World We May Be Losing*, March 2017; G. John Ikenberry, "The Plot Against American Foreign Policy: Can the Liberal Order Survive?" *Foreign Affairs*, May/June 2017, pp. 2 ~ 9; Editorial, "Donald Trump's Victory Challenges the Global Liberal Order," *Financial Times*, Nov. 10, 2016; Robert Kagan, "The Twilight of Liberal World Order," https://www.brookings.edu/research/the - twilight - of - the - liberal - world - order/.

或普遍的目标。"① 阿拉加帕认为，国际秩序"是国家间正式或非正式的安排，这些安排为国家提供了可预测的、稳定的国际环境，使他们能够通过基于规则的互动来追求和平解决争端、实现政治变革等集体目标。"② 基辛格则认为，国际秩序"建立在两个因素之上：一套明确规定了允许采取行为的界限且被各国接受的规则，以及规则受到破坏时强制各方自我克制的一种均势"。③ 不同时期的国际秩序形态不同，但是世界总是拥有某种秩序。

1618～1648 年"三十年战争"后形成的威斯特法利亚秩序是人类历史上第一个现代意义上的民族国家间秩序。威斯特法利亚秩序以国家主权为基石，确立了国家主权至上的原则：国家无论大小，主权一律平等、内政不容干涉。在这一秩序之下，民族国家安全在理论上得到了保证，以往世界政治中以无政府状态、权力的不安全感为核心的两大"霍布斯难题"在相当大的程度上获得缓解。④ 因此，这一秩序是国际秩序史上的一次重大飞跃。时至今日，这一秩序所揭橥的主权原则仍是国际秩序的基石。由于国家的领土和主权构成了一个一个封闭的单元，威斯特法利亚秩序建立在民族国家间秩序实际上具有较强的"封闭性"。在单元之内无论发生什么，外部力量都没有权利干预。这也是现代意义上严格的边境管控制度、贸易关税制度等安排的由来。由于威斯特法利亚秩序以民族国家为基本单元，因此常被称为一种"现实主义秩序"。

在现实主义国际秩序的"地层"之上，人类社会在其后的几百年里开始探索建立所谓自由国际秩序，尝试寻找国际社会的"洛克机会"⑤。

① 赫德利·布尔：《无政府社会——世界政治中的秩序研究》，张小明译，上海人民出版社，2015，第 19 页。
② Muthiah Alagappa ed. , *Asian Security Order：Instrumental and Normative Features*, Stanford University Press, 2003, p. 39.
③ 亨利·基辛格：《世界秩序》，胡利华、林华、曹爱菊译，中信出版社，2015，第 XVIII 页。
④ G. John Ikenberry, "The Future of the Liberal World Order," *Foreign Affairs*, May/June 2011, pp. 56～68.
⑤ Ibid.

过去一百多年来，世界秩序的自由主义成分逐渐增加。二战结束后从西方国家开始、冷战结束后逐渐扩展到全球，人类社会形成了今日西方学界所谓自由国际秩序。需要注意的是，自由主义国际秩序与现实主义国际秩序并非替代的关系。事实上，两者如同一个两层的建筑：现实主义国际秩序是底层，自由国际秩序则在底层基础上构筑的第二层。两者混合构成了当今国际秩序。

从历史进程看，西方学界典型观点认为，伴随以英国和美国为代表的"自由主义国家"崛起，自由国际秩序从19世纪开始产生，并在20世纪下半叶正式形成。19世纪英国作为首要的自由主义国家崛起后，开始推动贸易开放、金本位、海上航行自由等国际制度。这些设计与安排构成了二战后自由国际秩序的重要组成部分。第一次世界大战结束后，美国总统威尔逊提出"十四点"和平计划，第一次系统论述了带有鲜明自由主义特征的美国版的国际秩序主张。其后由于美国国内政治原因，威尔逊主义的理念未能得到实现，自由主义国际思想在二战后才真正发扬光大。二战结束后，主要战胜国共同缔造了联合国，制定了《联合国宪章》，试图建立一个以大国合作为主要特征的国际秩序。与此同时，美国与西方国家也开始筹划建立国际经济秩序也就是布雷顿森林体系。不过这一国际经济秩序从最初就是分裂的。苏联虽然参加了布雷顿森林会议，但是拒绝参加这一体系。此后伴随冷战的爆发，建立全球统一的国际秩序的努力很快转变为两个阵营内部秩序的建设。① 从二战结束到冷战初期，在美国带领下，西方各国建立的一整套国际制度、规则与规范，被称为自由国际秩序。20世纪70年代以后，这一秩序逐渐向西方国家以外扩展。到冷战结束后，西方观点认为前苏东阵营国家也融入了自由国际秩序。人类历史上第一次形成了一个覆盖全球的自由国际秩序。

从制度设计层面看，自由国际秩序是通过一系列繁复、有时甚至互相

---

① G. John Ikenberry, *Liberal Leviathan*, *the Origins*, *Crisis*, *and Transformation of the American World Order*, Princeton University Press, 2011, p. 15~22.

冲突的国际制度体现出来的。美国兰德公司在其研究报告中将这些制度归纳为三大类：一是国际经济秩序。如关税及贸易总协定（GATT）及其后建立的世界贸易组织（WTO）、世界银行、国际货币基金组织（IMF）、二十国集团（G20）、七国集团（G7）等。其他国际经济安排还包括重要的地区经济与双边经济条约，联合国框架下的国际发展机构等。国际经济制度的主要目标是消除国际经济交往中的壁垒与障碍。二是政治－军事秩序。如联合国框架下的各项安全机制；重要的地区组织，如欧洲联盟、东南亚国家联盟；各种集体安全机制、军备控制制度、国家间的相互信任措施（CBMs）；美国的军事同盟体系等。这些制度的主要目的是防止大规模入侵、限制国家使用武力。三是"正义与具体问题解决机制"。包括联合国框架下的人权规范、条约、制度，还有各类范围极其广泛的功能性制度安排（例如全球气候制度、各类行业国际标准、国际协议、国际组织）。这些制度安排的主要目的是为人类社会提供更好的治理。[①]

从思想内核看，自由国际秩序以自由主义命名，显示其与现实主义国际秩序的最根本差别还是在思想理念上。自由主义作为一个标签，包含不同流派与传统，内部差异颇大。不过如果梳理从威尔逊"十四点计划"、《大西洋宪章》、《联合国宪章》直到20世纪下半叶建立的前述各项国际制度，还是能够找到一系列一以贯之的思想观念。

首先，自由国际秩序强调"开放"。自由主义作为一种以个人主义方法论为基础的政治哲学，强调个人而非国家是国际秩序的基本单元，个人而非国家才是政治的最终目标。相对于现实主义国际秩序强调以民族国家为基本单元，自由国际秩序强调超越民族国家。自由主义认为，消除国家边界对经济和社会活动的限制，可以降低交易成本，有益于经济繁荣，有利于个人福祉。此外，个人政治和社会权利具有普世性，必要情况下特定国家或者国际组织可以对别国实施干涉。在传统的民族国家之外，自由国

---

① Michael J. Mazarr, Miranda Priebe, Andrew Radin and Astrid Stuth Cevallos, *Understanding the Current International Order*, Rand Corporation, 2016, p. 14.

际秩序强调公共场域（如海洋）、新场域（如网络等）的开放性，试图阻止民族国家在这些场域宣称或者实施主权。自由国际秩序中的经济自由主义尤其体现了"开放"原则。经济全球化、贸易投资的自由化是自由国际秩序的核心要素。

其次，自由国际秩序强调"规则"。西方学界认为，现实主义秩序的产生是"基于实力"，而自由国际秩序的产生则"基于规则"。约翰·伊肯伯里认为，国际秩序可以通过三个来源形成：一是国家间均势，二是霸权的命令，三是通过同意。[①] 这三类秩序产生方式中，前两类"均势"与"命令"都强调力量在秩序形成中的作用，具有较强的现实主义特征。强国可能对弱国形成某种强制性秩序；实力大致相仿的国家间则可能形成均势。西方学界认为，自由国际秩序主要是基于各方的同意。自由国际秩序在很大程度上体现了国际关系理论中的自由制度主义。强调国际组织、国际规则、国际机制的正面作用，在外交实践中也可以说天然倾向多边主义。尽管事实上，实力、权力在自由国际秩序的形成过程仍然发挥着决定性作用，但是也应承认，谈判、协商、共识、规则也发挥了前所未有的重大作用。

第三，自由国际秩序强调价值观。与现实主义国际秩序不强调价值和意识形态不同，自由国际秩序推崇自由主义政治理念。自由主义相信，人权、政治自由等基本价值是"普世的"，国家内部以及国际社会内部都应该体现这一原则。这一信念与"超越国家主权"的观念结合在一起，就形成了 20 世纪 90 年代以来"人权高于主权"、"保护的责任"等思想的兴起。从这个侧面看，自由国际秩序体现了政治自由主义的观点。

二 但闻楼梯响：自由国际秩序的松动

"基于实力"的秩序是人类社会乃至高级动物群体当中最"自然"的逻辑。即便是猴群，也会基于实力产生一个猴王领导下的霸权秩序。与之

---

① G. John Ikenberry, *Liberal Leviathan*, pp. 13～15.

相比，自由国际秩序是人类在构建国际秩序过程中的一次尝试，其进步意义不应否认。

从秩序与霸权国关系看，自由国际秩序并非完全通过赤裸裸的"命令"或"制衡"秩序构建。美国霸权在自由国际秩序建立中当然发挥了决定性作用，但在此过程中，各个参与国包括美国的利益也有相互妥协和调适的一面。例如，在《联合国海洋法公约》谈判过程中，在领海、专属经济区、无害通过等问题上，发达国家与发展中国家都曾进行激烈的博弈，发达国家阵营也曾做出不少妥协。从秩序运行层面看，国际制度一旦建立，就具有一定的独立性，对霸权国家也有一定约束作用。例如美国无法阻止联合国教科文组织接受巴勒斯坦为会员，这也为特朗普政府退出联合国教科文组织埋下了伏笔。在当代国际关系中，国际秩序中的自由主义部分或者说制度主义部分越来越成为显性部分，而秩序中的现实主义部分或者说基于力量的部分则更多的是在"水面之下"隐性部分。国家或者需要按照国际制度行事，或者需要以国际制度来诠释、支持本国行为，为国家行为赋予国际合法性。罔顾国际制度行事如果不是完全不可能，也至少是将付出更加沉重的代价。

在国际制度涉及的主要三大领域，自由国际秩序都取得了重要成效。在经济领域，自由国际秩序在促进经济发展、推动全球化上发挥了关键作用。全球贸易、投资领域的自由化和便利化大大发展。以欧盟为代表的区域一体化取得了长足发展。在应对 2008 年金融危机中，国际经济治理机制主平台转移到 G20，吸纳了世界主要经济体。相比于 20 世纪 30 年代的"大萧条"，世界主要经济体合作程度明显提高。贸易保护主义情绪虽有上升，但并没有成为各国政府选择。在战争与和平领域，自由国际秩序虽不能完全预防和制止战争，但是国家对外使用武力变得越来越难以具有合法性。大规模杀伤性武器的研发受到限制，使用被有效抑制。在人权领域，联合国《世界人权宣言》及其《公约》所揭橥的基本人权观念已深入人心。

但与此同时，自由国际秩序从概念被提出之日起，就面临着一系列长期的内在矛盾和持久挑战。例如，自由国际秩序从诞生之时起就一直无法彻底摆脱现实主义政治的特征。在一定程度上，自由国际秩序实际上是一个美国主导的"自由霸权秩序"。① 大国特别是美国对秩序"和则用，不和则弃"的现象仍然存在。再比如，自由国际秩序常陷入"不断革命"之困。与现实主义相比，自由主义对世界抱有一种进化论而非循环论的看法。冷战结束后，西方国家推动"保护的责任"、鼓吹"人权高于主权"，以及推动建立国际刑事法庭等发展，都是自由国际秩序内部的"自我革命"。

除了以上这些长期挑战之外，近年来，自由国际秩序主要面临两个更为重大的挑战，以至于学术界普遍担心自由国际秩序可能正在走向瓦解和终结。

第一，西方国家普遍担心以中俄两国为代表的新兴力量的崛起，将主动或者被动地推翻自由国际秩序。

从比较显性的角度看，西方国家近年来不断炒作克里米亚危机、南海问题等，以此作为中俄两国主动挑战自由国际秩序的证据。从西方视角看，克里米亚危机是对国际秩序的直接、明确挑战；而近几年的中国在东海、南海的维权行动以及拒绝接受所谓"南海仲裁庭"的非法裁决，也对秩序构成了软性挑战。② 一方面需要指出的是，一些西方国家在如何看待新兴国家与国际秩序关系的问题上过于敏感，将中国维护自身合法权益的行为解释为破坏国际秩序，体现的是西方国家的视角和偏见。另一方面也应当承认，中、俄等国对国际秩序的理解与美欧国家确实存在差别。中、俄并不认为当今世界的秩序是所谓自由国际秩序。例如，中俄从不认为美国组织的同盟体系是国际秩序的合法组成部分。在克里米亚危机背后，是俄罗斯对冷战结束后北约不断东扩、本国地缘战略空间不断受到挤压的强烈不满。在南海、东海等问题的背后，也有着美国推动亚太再平衡、支持其亚太盟友对华强硬的因素。从中、俄等国的视角看，所谓自由国际秩序中的某些成分（如军事同盟、美国霸权），恰恰是地缘政治矛盾背后的推动力。因此，中国虽然从未谋求推翻现行国际秩序，但是中、俄

---

① G. John Ikenberry, *Liberal Leviathan*, p. 169

② 参见 Walter Russell Mead, "The Return of Geopolitics: the Revenge of Revisionist Powers," *Foreign Affairs*, May/June 2014, pp. 69~79。

等国的崛起与西方定义的"自由国际秩序"存在矛盾可以说是一个现实。

在更深的层次上，即便没有这些地缘政治矛盾，西方国家恐怕也会认为中、俄等国的崛起将冲击自由国际秩序。从理论上说，自由国际秩序的核心是一系列自由主义国际原则，如"开放"、"基于规则"。那么，只要认同这一系列国际原则，世界各国都应该也可以参与建设自由国际秩序。然而在近年的国际关系实践中，当中国提出建立亚洲基础设施开发银行、推进"一带一路"等倡议后，美国政府和战略界精英普遍抱持怀疑甚至据斥态度。造成这一"膝跳反应"式的态度的原因，是相当多的美国精英将"自由主义"看作一种身份。在这些人看来，自由国际秩序不仅是一套统一的国际秩序，而且也是一套统一的国内秩序。自由国际秩序不应该是国内模式不同的国家按照统一的自由国际主义原则构造的混合秩序，而是由内部均实行西方政治自由主义的国家按照自由国际主义原则构造的纯粹体系。既然中、俄等国不符合西方世界眼中的自由主义身份，这些国家在秩序内部的"本分"就只能是改变自己的国内体制，而非去改革和建设自由国际秩序。① 正如美国2017年《国家安全战略》报告所称，冷战结束后美国和西方国家对华战略的基本假设是，"支持中国崛起和融入二战后建立的国际制度，将使中国自由化……这一信念是错误的"。② 中国已崛起为世界第二大经济体，俄罗斯也度过了苏联解体后最为困难的一段时间，国力有所恢复。两国体量如此巨大，且从西方视角看，两国未来的发展方向并不会如西方所愿那样"自由化"，那么在这样一个自由国际秩序内，就越来越难以容得下中、俄这两个异质国家。

---

① 2017年4月21日作者就这一问题访谈美国智库学者。当被问及"上海合作组织"甚至"东南亚国家联盟"是否可算做自由国际秩序的一部分时，多数美国学者均表现出迟疑态度。一些受访者指出上合组织成员国基本都不是"自由主义国家"，即便东盟国家中也有不少不符合这一资格。所以在这些受访者眼中，这些国家构建的国际制度是否算自由国际秩序的一部分是存疑的。

② The White House, National Security Strategy of the United States of America,, December 2017, p. 25, https://www.whitehouse.gov/wp – content/uploads/2017/12/NSS – Final – 12 – 18 – 2017 – 0905 – 2. pdf.

第二，发达国家内部对自由国际秩序的支持大幅度下降，成为这一秩序当前面临的最大挑战。

英国"脱欧"、欧洲一些国家民粹主义政治的上升，以及特朗普上任后采取的很多政策，都体现了西方国家对自由国际秩序的自我反动。这些变化反映出西方社会特别是美国对自由国际秩序的看法发生了三个变化。

一是由于西方国家内部经济社会矛盾激化，部分国家对这一秩序内部长期包含的"开放"原则产生动摇。历史地看，自由国际秩序的产生与扩展，与资本主义经济在全球的扩张有直接联系。近代以来，欧美等发达资本主义国家将生产方式、政治模式以及国际秩序推广到全球。在此过程中，这些国家依靠地理扩张、技术变迁以及制度创新三大"法宝"，在经济上向国内各阶层正向回馈，维持了其内部较高的生活水平。然而冷战结束以来，一方面这种生产方式、政治模式、国际秩序的扩张以全球化的形式高歌猛进；另一方面其经济收益向国内正向回馈的循环却逐渐受阻，财富更多地在全球范围内横向分配而非在发达国家内部纵向分配；[①] 拉美、中东地区的移民大量涌入美国、欧洲，造成严重的社会问题。这些现象导致发达国家中下层民众对"自由国际秩序"蕴含的"开放"原则丧失了自信，对在这一秩序内部继续保持国家的领先地位丧失信心。不少政治家因此开始强调通过强化国家主权保护民众、重新赢得国家竞争（如"让美国再次伟大"），在"全球化 vs. 民族国家"、"开放 vs. 保护"的矛盾中向后者倾斜。这当然与"自由国际秩序"的固有原则是相反的。

二是美国不愿继续付出成本，维持其在这一秩序内的霸权。美国作为现存国际秩序中的霸权国家，是需要付出成本的。美国市场对外国投资和商品的开放、美国社会对外国移民和留学生的开放、美国在双边和军事同

[①] 经济学家布兰科·米拉诺维奇（Branko Milanovic）在起著作《全球不平等：全球化时代的一种新方式》中曾提出所谓"大象曲线"。米拉诺维奇的数据显示，过去三十年间，伴随全球化的推进，高收入国家内部的中低中产阶级实际收入停滞不前；全球最富裕的1%人口、中印等亚洲国家的中产阶级则是过去三十年当中收入增长最快的人群。这一全球收入增长曲线因其形似大象，被称为"大象曲线"。参见 Branko Milanovic, *Global Inequality：A New Approach for the Age of Globalization*, Harvard University Press, 2016。

盟中发挥主导作用，一方面对美国自身利益有益，另一方面也构成了美国
与其他国家关系中的"不对等性"。在美国国内矛盾趋于激化的背景下，特
朗普政府表现出试图节约美国权力资源、让其他国家承担更多成本的趋势。
这既表现在美国质疑全球自由贸易体系，与中国、欧盟、加拿大、墨西哥
等国的经贸矛盾上升之上；也表现在美国要求北约盟友和日、韩承担更多
的防务开支之上。

三是西方国家对在"自由国际秩序"内与中、俄等国竞争缺乏信心。
中、俄等国的国内政治经济模式与美欧国家不同。其中核心的区别是中、
俄两国的政府在政治、经济、社会中发挥着更为明显、直接的作用。以中
美经济竞争为例，美国战略界越来越认为，中国的经济模式使中国企业在
技术创新、信贷、出口等各个环节上都占有明显优势。[1] 由于中国的经济
模式，美国企业在与中国企业之间的竞争中处于不利地位。因此，如果不
能解决这种模式差异，美国就应该通过增加关税、限制中国企业投资等方
式防止中方继续"占美国便宜"。换言之，美国等西方国家越来越多地出
现一个论调，即在同一个"自由国际秩序"之下，与不同体制的中国不
仅难以共处，而且会被中国"占便宜"，因此需要从原有秩序上后退。

需要看到的是，虽然当前国际秩序出现松动，但断言自由国际秩序已
经终结还言之过早。现在还无法判断这一秩序目前正在经历的调整是局部
的还是全局性的；是短期现象还是长期趋势。此外，尽管现存秩序面临诸
多调整和变化，但是尚未出现一个清晰、系统的替代性秩序。[2] 目前更值

---

[1] 参见美国商务部就不给予中国市场经济地位问题发布的备忘录。Department of Commerce, *China's Status as a Non - Market Economy*, https：//enforcement. trade. gov/download/prc - nme - status/prc - nme - review - final - 103017. pdf.

[2] 美国布鲁金斯学会 2014 年的研究报告对现行国际秩序的状态做了一个较为客观的分析。结论是国际秩序的状态是比较复杂，在某些方面面临严峻挑战，但在另外一些领域也取得了进展，例如相对有效地应对了金融危机、西方大国与新兴大国实现了合作、中美引领了应对气候变化的努力、伊拉克战争后大国关系得以恢复、世界范围内的暴力冲突有所减少。参见 Bruce Jones, Thomas Wright, with Jeremy Shapiro, Robert Keane, "The State of International Order", Brookings Institution, *Policy Paper*, No. 33, Feb., 2014. https：//www. brookings. edu/wp - content/uploads/2016/07/intlorder_ report. pdf。登录时间 2017 年 5 月 5 日。

得担心的是，是在既有国际秩序出现松动、基本原则受到质疑的情况下，国际治理出现所谓"金德尔伯格陷阱"现象。① 需要指出的是，约瑟夫·奈使用这一术语主要是表达其对中国崛起后可能不能给世界提供足够公共产品的担忧。然而从当前的国际关系看，更值得担心的并不是中国崛起后能不能给世界提供更多公共产品，而是以美国为代表的西方世界正在有意识地减少甚至破坏公共产品供给。

三 自由国际秩序与中国的战略机遇期

自由国际秩序并非中国政府和学术界使用的话语体系。对于国际秩序，中国政府的官方立场是："现行国际秩序是以联合国为核心、以《联合国宪章》宗旨和原则为基础、由国际社会共同确立的，其最根本的原则是各国相互尊重主权和领土完整、平等相待、互不干涉内政。"② 这种对国际秩序的理解，与二战后期罗斯福设想的国际秩序比较接近，突出大国合作，强调国家主权，相对而言现实主义色彩较强。

如前所述，二战后全球秩序尚未构建完成，就由于冷战的降临而迅速演变成一个西方秩序。在冷战开始后的相当长时间里，自由国际秩序基本上只是西方阵营的内部秩序。中国虽是很多重要制度的创始国，但是新中国却被排斥之外，且成为其遏制和孤立的对象。例如，直到1970年代之后，中国才恢复在联合国的合法地位。同样，关税及贸易总协定、世界银行、国际货币基金组织等布雷顿森林体系的安排也没有包含苏联和其他多

---

① 国际关系中"霸权稳定论"的提出者、美国学者金德尔伯格认为，20世纪30年代美国取代英国成为全球最大强权，但又未能像英国一样承担起提供全球公共产品的责任，这是导致大萧条和世界大战的重要原因。美国学者约瑟夫·奈由此在2017年1月提出"金德尔伯格陷阱"这一术语。参见 Joseph S. Nye, "The Kindleberger Trap," https://www.project-syndicate.org/commentary/trump-china-kindleberger-trap-by-joseph-s--nye-2017-01? barrier=accesspaylog。

② 如时任外交部新闻发言人洪磊2015年11月10日的表述。参见外交部："2015年11月10日外交部发言人洪磊主持例行记者会"，http://www.fmprc.gov.cn/web/fyrbt_673021/jzhsl_673025/t1313604.shtml。登录时间：2017年5月5日。

数社会主义国家。[①] 因此，中、俄等国不将"自由国际秩序"与战后国际秩序或者现行国际秩序画等号，具有充分的历史合法性。

准确地说，今天我们所处的"现行国际秩序"，是在二战后由主要战胜国共同奠基，冷战高峰期由美国与西方国家推动发展，20 世纪 70 年代之后，特别是冷战结束后由世界各国共同推动建设的。西方国家所谓自由国际秩序，在内容上构成了现行国际秩序中的重要部分。从中国视角看，从联合国及其下属机构到世界贸易组织、国际货币基金组织、世界银行、重要的区域贸易和投资自由化安排，再到各类军备控制条约、气候变化协定，都是现行国际秩序的一部分；而从西方视角看，这些当然又都是自由国际秩序的一部分。因此，中国视角下的"现行国际秩序"与西方视角下的"自由国际秩序"虽不完全相同，但在相当大的部分又相互重叠。

尽管现行国际秩序并不一定要用西方话语体系中的自由国际秩序来概括，但是现行秩序已经远远超越了现实主义国际秩序的逻辑，体现出了开放性、基于规则、推崇多边主义等自由主义特性。因此，现行国际秩序在概念上虽然不一定叫做自由国际秩序，但在内容上则是一个具有一定自由主义特征的国际秩序。中、俄等国没有正面接受自由国际秩序的概念，但是并不反对这一秩序当中的自由主义成分。[②] 正如昆德纳尼指出，与其说中国与俄罗斯等国要挑战自由国际秩序，不如说两国在主张与西方国家不同版本的自由主义秩序，或者说两国反对西方国家近年来在人权等领域改变秩序的做法。[③] 或许可以说，中国主张的是一种有限的带有自由主义色彩的国际秩序，是一种现实主义与自由主义更为平衡的国际秩序。准确认识中国与自由国际秩序之间的关系，对理解当前自由国际秩序面临的不确定性对中国的影响十分重要。

---

① 参见黄仁伟、黄丹琼《现有的国际秩序到底来自何处》，《世界知识》2015 年第 17 期，第 62~64 页。

② G. John Ikenberry, "The Future of the Liberal World Order," *Foreign Affairs*, May/June 2011, p. 57.

③ Hans Kundnani, "What is Liberal International Order?" p. 3.

2002 年 11 月，中国共产党十六大提出了中国未来 20 年处于"重要战略机遇期"的重大判断。① 五年后的十七大报告沿用了这一提法。② 2012 年十八大坚持了"重要战略机遇期"的提法，但也指出"要准确判断重要战略机遇期内涵和条件的变化"。③ 2017 年党的十九大指出，"国内外形势正在发生深刻复杂变化，我国发展仍处于重要战略机遇期，前景十分光明，挑战也十分严峻"。④ 简言之，中国领导层在过去十多年间，始终坚持了中国处于"重要战略机遇期"这一总体判断。现在，二十年行将过去，国际环境正在发生极其重大的变化，中国的战略机遇期是否仍然能够持续呢？

虽然中国官方始终坚持"战略机遇期"的提法，但是对其内涵则鲜有详细论述。一些论者认为，2001 年"9·11"事件后，美国小布什政府改变了将中国视为主要战略竞争者的政策，美国战略重心转向反恐和中东，这是中国 2002 年提出战略机遇期概念的背景。另外一些学者则从更宽的视野审视战略机遇期，认为其是"中国能够继续集中精力搞建设、搞发展，而不必因为中国核心利益或者重大战略利益遭遇挑战而不得不中止建设和发展进程，转入应对重大威胁的战争准备或者进入军事冲突……的阶段"。⑤ 如果从后一种视角审视战略机遇期，那么中国不仅是在本世纪头 20 年处于战略机遇期，而且实际上中国在 20 世纪 70 年代末实施改

---

① 江泽民：《全面建设小康社会　开创中国特色社会主义事业新局面——在中国共产党第十六次全国代表大会上的报告》，2002 年 11 月 8 日，中国共产党新闻网，http：//cpc. people. com. cn/GB/64162/64168/64569/65444/4429125. html。

② 胡锦涛：《高举中国特色社会主义伟大旗帜　为夺取全面建设小康社会新胜利而奋斗——在中国共产党第十七次全国代表大会上的报告》，2007 年 10 月 15 日，中国共产党新闻网，http：//cpc. people. com. cn/GB/64162/64168/106155/106156/6430009. html。

③ 胡锦涛：《坚定不移沿着中国特色社会主义道路前进　为全面建成小康社会而奋斗——在中国共产党第十八次全国代表大会上的报告》，2012 年 11 月 8 日，人民网，http：//cpc. people. com. cn/n/2012/1118/c64094 - 19612151. html。

④ 习近平：《决胜全面建成小康社会　夺取新时代中国特色社会主义伟大胜利——在中国共产党第十九次全国代表大会上的报告》，2017 年 10 月 27 日，新华网，http：//www. xinhuanet. com/politics/19cpcnc/2017 - 10/27/c_ 1121867529. htm。

⑤ 朱锋：《中国未来十年的战略机遇期：我们必须做出新的选择吗？》，《国际政治研究》2014 年第 2 期，第 10 页。

革开放后，就一直处于一个集中精力集中于发展和建设的阶段之中。中国在过去 40 年中，之所以能够通过融入现行国际秩序在经济、社会等各个方面都取得长足发展，国际秩序的开放、基于规则的自由主义特征是一个基本条件。中国在改革开放之后的经历生动地表明，后发国家在现行国际秩序内可以通和平方式实现国家发展和崛起。我们或许可以说，只要现行国际秩序中的自由主义成分仍在，且中国仍可利用这些成分，中国就将继续处于战略机遇期之中。因此西方意义上的"自由国际秩序"松动和瓦解，以及特朗普政府已经显示出的不愿意让中国在"自由国际秩序"中继续"搭车"的倾向，可能将威胁到中国的战略机遇期。维护好当今国际秩序中的自由主义成分，对中国继续和平发展意义极其巨大。

中国领导人已经清醒地认识到现行国际秩序中的自由主义成分对中国的重要性。在美欧国家内部出现较强的反对全球化潮流时，中国成了全球化和自由贸易的坚定支持者。在美国再次在全球气候变化机制上后退时，中国坚持在气候变化问题上的承诺，成为全球应对气候变化变化方面的"顶梁柱"。也就是说，尽管中国不接受"自由国际秩序"这一概念，但是中国现在正在世界上发挥引领作用，支持和捍卫现行国际体系中的合理的具有自由主义特征的制度安排。

在这个进程当中，我们尤其需要注意以下三个问题。

第一，未来任何国际秩序的构建必须具有超越性、普遍性。自由国际秩序超越了纯粹的现实主义秩序，具有其进步性。未来无论国际秩序如何演进，无论自由国际秩序的命运如何，任何国家要在国际秩序上取得主导型的话语权，只能在有关国际秩序的思想上更进一步，而无法仅仅依靠国际秩序的自由主义色彩消退来被动地达到。中国目前使用较多"现行国际秩序"这一表述并不包含对秩序的价值取向，因而有其不足。近年来，中国提出了有关国际秩序的一些新主张、新倡议。未来需要破解的难题是，在有关国际秩序的诸多新主张、新倡议的基础之上，需要在更普遍的层次回答什么是"好秩序"以及"好秩序"如何可能的问题。这就如同自由国际秩序主张"开放的秩序是好秩序"、"基于规则的秩序是好秩序"一样。在没有更好的替代方案之前,中国的重点还应该集中在改革、补充和完善现有体系。

第二,"混合"、"平衡"可能是中国在国际秩序上可以做出的贡献。当前国际秩序从自由主义层次向现实主义层次的暂时后退未必完全是坏事。发达国家期望通过加强民族国家的作用来缓解过度自由主义带来的弊端;而中国对国际秩序的主张本身就更偏向现实主义,因此目前的趋势在一定程度上也符合中国的诉求。例如,当前美国对在世界推广美国政治模式的热情有所下降,符合中国的利益。中国作为最大的发展中国家,可以在当前国际秩序调整的过程中更多地强调民族国家的调节作用以及各国选择国内发展道路的自主权。未来,在民族国家内部这一层次强调多元性、闭合性,在民族国家之上的全球层次强调统一性、开放性,或许是一个更为平衡的国际秩序的可能前路。

第三,建设未来的国际秩序,必须与中国国内的改革开放相结合。尽管加强民族国家的作用、强调国家选择发展模式的自主性和多样性是一个发展方向,但是需要我们注意的另一个问题是,在当代国际环境下,一国国内政治经济政策绝不是孤立的,而常常具有很强的国际影响。中国这样的大国就更是如此。尽管国际秩序不应要求秩序内各国采取同样的政治经济发展模式,但是各国又要达到各方都可以接受的"行为准则",这样才能保证各国内部的行为者愿意在一个统一的全球层次上有效合作、有限竞争。当前中美"贸易战"正酣,其实质上是处于同一个国际秩序内部的两种不同经济模式之间的摩擦。通过中国的改革开放,通过中美两国的不断博弈,如果两国能够形成一套双方都可以接受的"行为准则",那么中美经济秩序乃至国际经济秩序重新趋稳仍然是有可能的。

The Future of "Liberal International Order" and China's Period of Strategic Opportunity

Wei Da

Abstract："Liberal international order" is the international order marked by liberalism and constructed on the foundation of realist international order. Currently, this order is facing serious challenges which have never been seen since the end of the Cold War. China does not accept the term of "liberal international order", but it supports the institutional arrangements with liberal characteristic within the current international order. Ensuring the overall stability of the order and its effective integration with of the order, is the best way to guarantee China's period of strategic opportunity.

Keywords：liberal international order；Chinese diplomacy；world order

注释体例

一　中文注释要求

（一）首次引用

引用的资料第一次出现在注释中时，一般中文著作的标注次序是：著者姓名（多名著者间用顿号隔开，编者姓名应附"编"字）、文献名、卷册序号、出版地、出版单位、出版时间、页码。

1. 专著

吴冷西：《十年论战：1956—1966 中苏关系回忆录》（上），中央文献出版社，1999，第 13 页。

梁守德、洪银娴：《国际政治学概论》，中央编译出版社，1994，第 36 页。

阎学通等：《中国崛起：国际环境评估》，天津人民出版社，1998，第 168 页。[作者三人以上，可略写为××（第一作者）等；出版社名称已包含地名的，不必重复注出。]

2. 编著

倪世雄主编《冲突与合作：现代西方国际关系理论评介》，四川人民出版社，1988，第 71 页。

威廉·沃尔福思：《单极世界中的美国战略》，载约翰·伊肯伯尔主编《美国无敌：均势的未来》，韩召颖译，北京大学出版社，2005，第 99～117 页。

《什特科夫关于金日成提出向南方发动进攻问题致维辛斯基电》（1950 年 1 月 19 日），沈志华主编《朝鲜战争：俄国档案馆的解密文件》第 1 卷，台北，中研院近代史研究所史料丛刊（48），第 305 页。

3. 译著

孔飞力：《叫魂》，陈兼、刘昶译，上海三联书店，1999，第 207 页。（译者姓名在著作后）

4. 期刊杂志（期刊指月刊、双月刊、季刊、年刊等，杂志指周刊或半月刊）

吴承明：《论二元经济》，《历史研究》1994 年第 2 期，第 98 页。

李济：《创办史语所与支持安阳考古工作的贡献》，《传记文学》（台北）第 28 卷第 1 期，1976 年 1 月。

阎学通：《中国面临的国际安全环境》，《世界知识》2000 年第 3 期，第 9 页。

5. 报纸

符福渊、周德武：《安理会通过科索沃问题决议》，《人民日报》1999 年 6 月 11 日。（此例适合署名文章）

《朝韩首脑会晤程序大多达成协议》，《中国青年报》2000 年 5 月 12 日。（此例适合不署名文章或报道）

6. 通讯社消息

《和平、繁荣与民主》，美新署华盛顿 1994 年 2 月 24 日英文电。（写明电文题目、通讯社名称、发电地、发电日期和发电文种）

7. 政府出版物

中华人民共和国外交部研究室：《中国外交：1998 年版》，世界知识出版社，1998，第 768 页。

《关于国际形势的讲话提纲》（1959 年 12 月），《建国以来毛泽东文稿》第 8 卷（1959 年），中央文献出版社，1996，第 599～603 页。

8. 会议论文

任东来：《对国际体制和国际制度的理解和翻译》，提交给"全球化与亚太区域化国际研讨会"的论文，南开大学，2000 年 6 月 5～16 日，第 2 页。

9. 学位论文

孙学峰：《中国国际关系理论研究方法 20 年：1979—1999》，中国现代国际关系研究所硕士学位论文，2000 年 1 月，第 39 页。

10. 未刊手稿、函电等

"蒋介石日记"，毛思诚分类摘抄本，中国第二历史档案馆藏。

陈云致王明信，1937 年 5 月 16 日，缩微胶卷，莫斯科俄罗斯当代文献保管与研究中心藏，495/74/290。（标明作者、文献标题、文献性质、收藏地点和收藏者，收藏编号）

（二）再次引用

再次引用同一资料来源的资料时，只需注出作者姓名、著作名（副标题可省略）和资料所在页码。

吴冷西：《十年论战：1956—1966 中苏关系回忆录》（上），第 13 页。

（三）转引

按上述要求将原始资料出处注出，用句号结束。用"转引自"表明转引，再把载有转引资料的资料出处注出。

胡乔木：《胡乔木回忆毛泽东》，北京，人民出版社，1992，第 88~89 页。转引自杨玉圣《中国人的美国观：一个历史的考察》，上海，复旦大学出版社，1996，第 183 页。

二 英文注释要求

（一）首次引用

同中文著作注释一样，引用的英文资料第一次出现在注释中时，需将资料所在文献的作者姓名、文献名、出版地、出版者、出版时间及资料所在页码一并注出。

1. 专著

Kenneth N. Waltz, *Theory of International Politics* (New York：McGraw-Hill Publishing Company, 1979), p. 81. （作者姓名按通常顺序排列，即名在前，姓

在后；姓名后用逗号与书名隔开；书名使用斜体字，手稿中用下划线标出；括号内的冒号前为出版地，后面是出版者和出版时间，如果出版城市不是主要城市，要用邮政中使用的两个字母简称标明出版地所在地，例如 CA；单页用 p. 表示）

Hans J. Morgenthau，*Politics Among Nations*：*The Struggle for Power and Peace*（New York：Alfred A. Knopf Inc. ，1985），6th ed. ，pp. 389～392. （主标题与副标题之间用冒号相隔；多页用 pp. 表示。）

Robert Keohane and Joseph Nye，*Power and Interdependence*：*World Politics in Transition*（Boston，MA：Little Brown Company，1977），pp. 45～46. （作者为两人，姓名之间用 and 连接；如果为两人以上，写出第一作者，后面加 et al. ，意思是 and others）

Ole R. Holsti，"The 'Operational Code' as an approach to the analysis of belief systems," final report to the National Science Foundation，1977，grant No. SCO 75 – 14368.

2. 编著

David Baldwin ed. ，*Neorealism and Neoliberalism*：*The Contemporary Debate*（New York：Columbia University Press，1993），p. 106.

Klause Knorr and James N. Rosenau，eds. ，*Contending Approaches to International Politics*（Princeton，NJ：Princeton University Press，1969），pp. 225～227. （如编者为多人，须将 ed. 写成 eds. ）

3. 译著

Homer，*The Odyssey*，trans. Robert Fagles（New York：Viking，1996），p. 22.

4. 文集

Robert Levaold，"Soviet Learning in the 1980s," in George W. Breslauer and Philip E. Tetlock，eds. ，*Learning in US and Soviet Foreign Policy*（Boulder，C. O. ：Westview Press，1991），p. 27. （文章名用双引号引上，不用斜体）

5. 期刊

Stephen Van Evera，"Primed for Peace：Europe after the Cold War," *International Security*，Vol. 15，No. 3，1990/1991. （期刊名用斜体，15 表示卷号）

Ivan T. Boskov, "Russian Foreign Policy Motivations," *MEMO*, No. 4, 1993, p. 27. （此例适用于没有卷号的期刊）

Nayan Chanda, "Fear of Dragon," *Far Eastern Economics Review*, April 13, 1995, pp. 24 – 28.

6. 报纸

Clayton Jones, "Japanese Link Increased Acid Rain to Distant Coal Plants in China," *The Christian Science Monitor*, November 6, 1992, p. 4. （报纸名用斜体；此处 p. 4 指第 4 版）

Rick Atkinson and Gary Lee, "Soviet Army Coming apart at the Seams," *Washington Post*, November 18, 1990, pp. A1, A28～29.

7. 通讯社消息

"Beijing Media Urge to Keep Taiwan by Force," Xinhua, July 19, 1995.

8. 政府出版物

Central Intelligence Agency, Directorate of Intelligence, *Handbook of Economic Statistics*, 1988 (Washington, D. C. : US Government Printing Office, 1988), p. 74.

"Memorandum from the President's Special Assistant (Rostow) to President Johnson," November 30, 1966, *FRUS*, 1964 – 1968, Vol. II, Vietnam 1966, document No. 319.

9. 国际组织出版物

报告：*United Nation Register of Conventional Arms*, *Report of the Secretary General*, UN General Assembly Document A/48/344, October 11, 1993. ［文件的注释应包括三项内容：报告题目、文件编号（包括发布机构）、发布日期；题目用斜体］

决议：UN Security Council Resolution 687, April 3, 1991. （决议的注释应当包括两项内容：发布机构和决议号、生效日期）

10. 会议论文

Albina Tretyakava, "Fuel and Energy in the CIS," paper delivered to Ecology '90 conference, sponsored by the America Enterprise Institute for Public Policy Research, Airlie House, Virginia, April 19 – 22, 1990.

11. 学位论文

Steven Flank, *Reconstructing Rockets：The Politics of Developing Military Technologies in Brazil, Indian and Israel*, Ph. D. dissertation, MIT, 1993.

12. 互联网资料

Astrid Forland, "Norway's Nuclear Odyssey," *The Nonproliferation Review*, Vol. 4（Winter 1997）, http：//cns. miis. edu/npr/forland. htm.（对于只在网上发布的资料，如果可能的话，也要把作者和题目注出来，并注明发布的日期或最后修改的日期。提供的网址要完整，而且在一段时间内能够保持稳定；内容经常变化的网址，比如报纸的网络版，就不必注明了）

（二）再次引用

再次引用同一资料来源的英文资料时，可以只注出作者姓、著作简短题目和资料所在页码。

Waltz, *Theories of International Politics*, p. 81.（此例适用于著作）

Nye, "Nuclear Learning," p. 4.（此例适用于编著中的章节和期刊中的文章）

Jones, "Japanese Link," p. 4.（此例适用于报纸署名或未署名文章）

决议只需提供文件号。

（三）转引

F. G. Bailey ed. , *Gifts and Poisons：The Politics of Reputation*（Oxford：Basil Blackwell, 1971）, p. 4, quote from Paul Ian Midford, *Making the Best of A Bad Reputation：Japanese and Russian Grand Strategies in East Asia*, Dissertation, UMI, No. 9998195, 2001, p. 14.

图书在版编目（CIP）数据

全球秩序. 2018 年. 第 1 期：总第 1 期 / 陈定定，达

巍主编. -- 北京：社会科学文献出版社，2018.10

ISBN 978 - 7 - 5201 - 3180 - 3

Ⅰ. ①全… Ⅱ. ①陈… ②达… Ⅲ. ①国际关系 - 研

究 ②国际政治 - 研究 Ⅳ. ①D81 ②D5

中国版本图书馆 CIP 数据核字（2018）第 218567 号

全球秩序（2018 年第 1 期·总第 1 期）

主　　编 / 陈定定　达　巍

出 版 人 / 谢寿光
项目统筹 / 祝得彬
责任编辑 / 刘学谦　邓　翙

出　　版 / 社会科学文献出版社·当代世界出版分社（010）59367004
　　　　　　地址：北京市北三环中路甲 29 号院华龙大厦　邮编：100029
　　　　　　网址：www. ssap. com. cn
发　　行 / 市场营销中心（010）59367081　59367018
印　　装 / 三河市东方印刷有限公司

规　　格 / 开本：787mm × 1092mm　1/16
　　　　　　印张：7.5　字数：110 千字
版　　次 / 2018 年 10 月第 1 版　2018 年 10 月第 1 次印刷
书　　号 / ISBN 978 - 7 - 5201 - 3180 - 3
定　　价 / 48.00 元